LES RÂLEURS
SONT LES MEILLEURS

www.editions-jclattes.fr

Annie Kahn

LES RÂLEURS SONT LES MEILLEURS

et autres vérités scientifiquement prouvées sur l'entreprise

JC Lattès

Maquette de couverture : Atelier Didier Thimonier

ISBN : 978-2-7096-4485-3

© 2014, éditions Jean-Claude Lattès.
Première édition février 2014.

À Élie, à Noé

Sommaire

Préface. Coach sur papier 13

Chapitre 1. Donner du temps au temps. Être zen 21
   Le stress, c'est dépassé 23
   Inspirez… soufflez ! 25
   Pause nature 27
   L'intérêt d'être gentil 29
   Courage, ayons peur ! 31
   Temps perdu, retrouvé ! 33
   Faites des chèques en blanc ! 36
   Les vacances pour mieux déléguer 38

Chapitre 2. Écouter, savoir se faire entendre . 41
   Boîte à idées : colis piégé ! 42
   Écoute ! 44
   Le silence est d'argent, mais la parole est d'or ! 46
   Faites des talents, pas la guerre ! 48

Les râleurs sont les meilleurs

Décréter les jeudis de la conversation	50
Musique en tête	52
Actionnaires, patrons, salariés, retraités : même combat !	54
Vive la dispute	57
Le son de la voix	59

Chapitre 3. Les bonnes manières de dire, de faire, et d'être pour réussir sa carrière ... 61

Première impression	62
Mœurs et rumeurs	64
Histoire de fou	66
Entretien de saison	68
Dire ou ne pas dire ? L'essentiel n'est pas à dire	70
Menacer sans hurler est une arme efficace	73
Le trac démystifié	75
Ne bougez plus ! L'audace ne paye pas	77
Question de physique	79
Les signes de la main	81
Les conseils du Parrain	83
Assumons nos erreurs !	85

Chapitre 4. Avoir des amis mais des bons ... 89

Amitiés optimales	91
La cour et ses mirages	93
Sens politique	95
De l'art de « réseauter »	97
Bise de Noël	99
Le cœur à l'ouvrage	101

Sommaire

Chapitre 5. Manger, traîner, rêver 105
   Le profit vient en mangeant 107
   À la cantine 109
   Les ravages du présentéisme 111
   Nuage et brouillard 113
   Prime au vagabondage 115
   Ennui salutaire 117
   L'honnêteté ? Une question de temps 119

Chapitre 6. Être heureux, rendre heureux 123
   La tristesse rend myope 125
   La bienveillance : à pratiquer sans restriction 127
   Double vœu 129
   Bande d'abrutis ! 131
   Rires de crise 133
   Patron Prozac 135
   Moins × Moins = Plus 137
   En progrès ! 139
   Management façon puzzle 141
   Secret salaire 143

Chapitre 7. Apprécier la diversité 147
   Les femmes ne sont pas assez bavardes 149
   La force fait la paye 151
   Lady blues au sommet 153
   Illusions masculines ! 155
   Aux actes, messieurs ! 157
   Homo au bureau 159
   Effets de bande 161
   X et Y 163

Les emplois des vieux profitent aux jeunes .	165
Poison de culture	167

Chapitre 8. Repérer les qualités cachées 171
   Les râleurs sont les meilleurs 173
   Vertueuse culpabilité 175
   « Frappologie » 178
   Gloire au rétroviseur ! 180

Chapitre 9. Décoder son PDG 183
   Patron psychopathe 185
   Affaires de cœur 187
   Bague au doigt 189
   Cadeau de naissance 191
   Bras de fer 193
   Le pouvoir rend heureux 195
   Santé de chef 197
   Gènes d'investisseurs 199
   Hors normes… 202

Chapitre 10. Fringues et mobilier 205
   Bureau paysagé 208
   Accord bancal 210
   Table rase 212
   Chic, c'est vendredi ! 214
   Surface corruptrice 216

Postface 219

Notes et références 223

Préface

Coach sur papier

« On ne parle pas des trains qui arrivent à l'heure. »

Ce principe inculqué à des générations d'apprentis journalistes dans les écoles de la plupart des pays développés fait des ravages.

Ne pas parler des trains qui arrivent à l'heure, c'est ne parler que de ceux qui arrivent en retard. Des catastrophes, suicides, licenciements, grèves, mal-être, spoliations, fraudes, violences, harcèlements, conditions de travail inhumaines, quand travail il y a.

Jamais, ou rarement, il ne sera question des trains qui arrivent en avance. De ce qui se passe mieux que prévu, des entreprises qui réussissent, des patrons soucieux du bien-être de leurs salariés et de l'amélioration de la société. L'actualité heureuse n'a que trop peu sa place.

Pourtant, la souffrance n'est pas la règle dominante, dans les entreprises. À double titre. D'une part, parce que le travail donne du sens à la vie de ceux qui sont en âge de contribuer au développement de la société et de leur famille. Et parce que les bonnes pratiques qui enrichissent le travail de chacun existent. Les enquêtes que j'ai menées pour rédiger la chronique « Ma vie en boîte », publiée chaque semaine dans *Le Monde*, m'en ont fourni la preuve.

Est-ce parce que je n'ai pas été contaminée par une formation traditionnelle, n'ayant pas fréquenté d'école de journalisme ? Est-ce parce qu'au contraire mes racines scientifiques d'ingénieur continuent de me pousser à croire au progrès, au fait que l'on doit être capable de trouver une solution à un problème ?

Est-ce aussi parce qu'étant moi-même d'un naturel plutôt sombre il m'est absolument nécessaire de trouver des issues, des coins de soleil illuminant la scène ?

Le fait est que les initiatives heureuses, les entrepreneurs énergiques, les créateurs d'entreprise me passionnent. Et qu'au sein de l'entreprise, dans le monde du travail, je préfère évoquer

Préface

les moyens de remédier à des situations potentiellement conflictuelles et/ou douloureuses.

Pour traquer ces attitudes astucieuses, il me fallait déceler la nature des problèmes qui empoisonnent les salariés des entreprises, quel que soit leur niveau hiérarchique. Du salarié de base au dirigeant, en passant par les cadres intermédiaires grâce auxquels la machine entrepreneuriale peut soit se développer harmonieusement, soit, au contraire, accentuer les tensions entre les êtres. Sans s'arrêter sur des cas anecdotiques. En repérant des situations communes, peu décrites ou passées sous silence. Puis observer les bons, ou les mauvais comportements, et en tirer les leçons.

Être un genre de coach sur papier, en quelque sorte. Un coach qui ne soit pas prisonnier de sa propre vision et de son analyse. Mais au contraire ouvert à tous les courants, à toutes les initiatives, à la multiplicité de façons d'apprécier les situations.

Ma position de journaliste économique, au contact de nombreuses entreprises de toutes tailles et de tous secteurs d'activité, est un poste d'observation et d'écoute privilégié. Il m'est cependant rapidement apparu que ma vision risquait d'être trop partielle. Pas assez précise. Pas assez… scientifique. D'où l'idée de compléter mes observations, mes intuitions, par les travaux de psychologues et sociologues d'entreprises, qui mènent leur recherche en montant des expériences faisant réagir des centaines, voire des milliers d'individus. Et dont les conclusions sont, de ce fait, scientifiquement prouvées.

De nombreuses universités américaines accueillent des équipes travaillant sur ces sujets. Elles sont ouvertes à de multiples écoles de pensée, et en particulier à l'économie comportementale. C'est la raison pour laquelle on trouvera dans ce livre un nombre important de références à des travaux menés dans cette partie du monde (à Harvard, Yale, Cornell, entre autres), ou en Europe, mais dans des établissements inspirés par ce type d'enseignement et de recherche, comme l'Insead.

D'autant que, dans les business-schools américaines, le bonheur en entreprise, ou plutôt la quête de ce bonheur, est un sujet à la mode. Pour des motifs très concrets. Les entreprises qui arrivent en tête des classements des sociétés où il fait bon vivre sont plus généreuses à l'égard de leurs actionnaires. Leurs titres s'apprécient davantage que les autres. Pour la bonne et simple raison que des travailleurs heureux sont plus motivés et donc plus productifs. La rémunération n'apparaît que comme un facteur de satisfaction parmi de nombreux autres.

Les psycho-sociologues multiplient les expériences pour mieux définir ces autres critères. Car leur connaissance est encore plus nécessaire en période de crise, pour contrebalancer les effets débilitants de la conjoncture, l'angoisse du licenciement. Et pour permettre de renouveler le tissu industriel, susciter la création d'entreprises, source essentielle de création d'emplois. Mais qui nécessite des entrepreneurs doublement motivés, audacieux, ayant foi en l'avenir.

Est-ce une des raisons qui expliquent que les États-Unis soient un pays où l'indice de « satisfaction » des habitants est l'un des plus élevés de l'OCDE, selon l'indice du « vivre mieux » (« better-life index ») développé par cette organisation ? Ou est-ce au contraire parce que l'on aime « positiver » dans cette partie du monde que ces travaux sont en vogue ?

Toujours est-il qu'a contrario, en France, où ce type de recherche n'a pas le vent en poupe, ou alors très discrètement, le pays affiche, selon le même classement, un score médiocre – et le scepticisme se propage.

Les Français ont moins confiance que leurs voisins européens en leurs institutions, selon les quatre premières enquêtes de l'European Social

Survey, portant sur la période 2002-2008. « Le fait de vivre dans l'Hexagone réduit de 20 % la probabilité de se déclarer heureux », analyse Claudia Senik, l'une des rares économistes françaises à s'intéresser à l'économie du bonheur. « Le malaise et l'ennui sont à la France ce que le dynamisme est à l'Amérique ; un emblème arboré avec fierté », ironise l'éditorialiste américain Roger Cohen, dans le *New York Times* du 11 juillet 2013.

Raison de plus pour changer d'échelle, cesser de se focaliser sur les données macro-économiques pour aller voir de plus près ce qui se passe au sein des entreprises. Et être ouvert à des propos parfois discordants, qui contredisent nombre d'idées reçues.

Être à même de jeter ses certitudes par-dessus bord, comme le font les pilotes de montgolfière, qui jettent du lest pour changer d'altitude et trouver le vent qui les amènera dans la bonne direction, pour reprendre une idée développée par Bertrand Piccard, initiateur du projet Solar Impulse, dont l'ambition est de faire le tour du monde dans un avion propulsé par la seule énergie solaire.

Faire le tour du monde des bonnes idées pour vivre sa vie au boulot de manière positive, heureuse. Tel est donc le fil conducteur de ce livre.

Préface

Avec l'espoir que les solutions proposées dans cet ouvrage feront florès en ces périodes économiquement difficiles. Puisqu'elles ne sont pas des centres de coût, mais au contraire des sources de profits, économiques et humains :

Trouver les moyens de mieux vivre en boîte, dans le monde du travail :

En donnant du temps au temps (chapitre 1).

En écoutant les autres, et en apprenant à se faire entendre (chapitre 2).

En adoptant les bonnes attitudes qui permettront de mieux s'exprimer, se comporter et d'ainsi mieux conduire sa vie professionnelle (chapitre 3).

En se faisant des amis, mais des bons (chapitre 4).

En ne négligeant pas les bons moments, comme de déjeuner entre collègues, de savoir traîner, ou rêver (chapitre 5).

En étant heureux, et en rendant heureux (chapitre 6).

En appréciant la diversité des êtres (chapitre 7).

En sachant repérer les qualités cachées de ceux qui vous entourent (chapitre 8).

En sachant décoder son PDG (chapitre 9).

Sans oublier une attention particulière au décor, qu'il s'agisse des vêtements ou de l'espace de travail (chapitre 10).

Chapitre 1

DONNER DU TEMPS AU TEMPS. ÊTRE ZEN

Les financiers, dûment qualifiés, pourront crier au scandale. Il n'empêche. Faire un chèque en blanc, à des collaborateurs s'entend, n'est pas aussi risqué que ce qui est communément admis. La liberté donne des ailes. Pourquoi faudrait-il s'en méfier ?

Certes, les fraudeurs ont existé, existent et existeront. Les traders indélicats, ministres menteurs, font régulièrement la Une de l'actualité. Tout comme ces dirigeants qui, abusant du principe des vases communicants, se versent sans difficulté tout ou partie du compte en banque de l'entreprise dans leur propre porte-monnaie. Et il faudrait être bien naïf pour qualifier la personne humaine de pure et parfaite.

Mais les quelques pourcents de fraudeurs ont trop souvent bon dos pour justifier contrôles et contraintes au détriment de tous. Réciprocité et bienveillance valent mieux qu'autorité et obéissance, affirment les dirigeants qui osent tenter l'expérience. En confiance.

Ils ont pu s'en assurer… en partant en vacances. Débrancher, partir, n'a pas pour seule utilité de se reconstituer. S'éloigner force à déléguer.

Et à prendre de la distance sur les événements. S'éloigner physiquement, mais aussi mentalement. Si les techniques de méditation, relaxation, les bienfaits du sport sont tant vantés, c'est qu'ils profitent à ceux qui s'y adonnent, mais aussi à leur entourage.

Rien de tel pour lutter contre les dégâts du stress que de savoir se poser, et s'en vanter ! Savoir être zen ; donner du temps au temps.

Le stress, c'est dépassé

Il en est du stress comme du cholestérol : il en existe un bon et un mauvais.

Le bon stress est celui qui nous fait détaler comme un lapin quand un danger survient brusquement. Le management par le stress a eu ses heures de gloire dans les années 1990. Yves Dubreil, père de la Twingo, estimait que le stress était une condition *sine qua non* pour « réussir un projet impossible ».

Mais la méthode est dangereuse. Elle peut conduire au mauvais stress. Celui qui inhibe, voire mène au désespoir. Il s'installe quand les alertes se multiplient : tremblement de terre, tsunami, catastrophe nucléaire, crise financière, crise de la dette. Alerte sur alerte. L'individu se roule en boule. Le moral dégringole.

Et c'est bien ce qui se passe actuellement. Les indicateurs inquiétants se succèdent. Qu'il s'agisse de celui reflétant le moral de ménages tétanisés par la peur du chômage ou la chute libre de leur épargne placée en Bourse ; qu'il s'agisse du « climat des affaires » délétère, évoqué par des dirigeants déboussolés et anxieux. Autant d'informations qui accroissent l'inquiétude, augmentent le stress, et sont auto-réalisateurs. Le cercle vicieux s'installe.

Que faire ? Agir à son échelle, certes. Mais les enjeux nous dépassent ; les décisions d'ordre macroéconomique et politique nous échappent.

Prendre du recul donc ; être philosophe. « Réfléchir avant d'agir », aurait dit Christophe, auteur des *Malices de Plick et Plock*.

Mais le peut-on quand les alarmes retentissent de toutes parts ? « Plus que jamais », estime Hubert Faes, docteur en philosophie, et directeur de Forenphi, une formation à la philosophie pour cadres et dirigeants, dispensée à l'Institut catholique de Paris. « C'est parce qu'on est en période de crise qu'il faut réfléchir davantage. »

Laurent Bibard, docteur en philosophie, consultant et professeur à l'ESSEC, école de commerce parisienne renommée, confirme : « Il faut prendre ses distances avec l'urgence. Vouloir être efficace immédiatement conduit à considérer de faux problèmes ; à ne pas donner la priorité à l'essentiel, tant on a le nez dans le guidon. »

Il recommande de suivre l'exemple de Socrate, qui cherchait la vérité en descendant dans la cité pour écouter les gens, leurs opinions diverses et contradictoires. « Il faut mettre en place une philosophie d'écoute au sein des organisations. Entendre la multiplicité des parties prenantes. Faire venir des techniciens dans les comités de direction, par exemple, pour repérer les vrais problèmes. »

Après le management par le stress, l'heure est venue du management philosophe.

Inspirez… soufflez !

Au siècle passé, il était convenable de terminer un courrier par une formule de politesse. Puis, le « je vous prie d'agréer, Madame, Monsieur, mes salutations distinguées » s'est contracté. « Salutations », plus court, a pris le relais. « À + » a enchaîné. Et, désormais, « À très vite » intime à son interlocuteur de donner un coup de pédale supplémentaire dans la boucle infernale d'accélération des échanges.

Stop ! préconisent les gourous du management. Impossible d'être attentif à ceux qui vous entourent, collègues, collaborateurs ou clients, d'être ouvert au changement de votre environnement, si les journées se suivent dans une agitation perpétuelle.

Savoir casser le rythme à intervalles réguliers est essentiel. Pour les hauts dirigeants en particulier. Car, « pour les PDG, des actes mineurs ont des répercussions considérables. Mais ils sont tellement occupés qu'ils ratent beaucoup trop d'occasions », explique Ben Bryant[1], professeur à l'IMD, école de management de Lausanne (Suisse).

Cet enseignant, comme désormais la plupart de ses collègues exerçant dans les business schools les plus réputées, apprend à ses élèves – cadres dirigeants actuels ou en puissance – la nécessité de savoir se poser, « d'être présent à l'instant, et non seulement dans l'analyse du futur, qui peut générer peur et angoisse, ou celle du passé et de son lot de regrets », explique Jean-François Manzoni, directeur du Global Leadership Center de l'Insead. Il a introduit cet enseignement sur le campus de Singapour de cette école internationale d'administration des affaires.

Le titre de son cours, LEAP (Leadership Excellence through Awareness and Practice), ou Savoir être présent pour être un dirigeant d'excellence, est tout un programme. Des exercices sont communiqués par mail aux participants, entre chacune des trois sessions d'une semaine, s'étalant sur neuf mois. « Respirez en toute conscience de l'air qui entre et sort de vos poumons. Une respiration calme et profonde permet de reprendre contrôle de soi-même et de ses émotions. Cette technique est indispensable pour prendre de bonnes décisions », insiste le professeur.

Les exercices de yoga – se concentrer sur sa respiration, ses sensations, les bruits environnants – et les techniques de méditation font désormais partie du bagage managérial, à côté des matrices du Boston Consulting Group ou des analyses stratégiques de McKinsey.

Pour être bien inspiré, en quelque sorte.

Pause nature

Julien, quarante-trois ans, chirurgien en oncologie digestive dans un hôpital parisien, se doit de faire des pauses. « Je me repose surtout de l'annonce difficile du cancer, du diagnostic, de l'échec des traitements », explique-t-il dans le web documentaire *À l'heure de la pause* diffusé en exclusivité sur le site du *Monde*[2].

Pendant ses micro-interruptions, le chirurgien ratisse, empile des cailloux dans son jardin japonais de la taille d'une boîte à chaussures. « Je crée des chemins, des routes. Cela mène la réflexion là où elle doit aller », ajoute-t-il.

Des études scientifiques ont effectivement montré que regarder la nature est une alternative au grignotage pour se remettre d'un coup de fatigue.

Ces jardins zen sont néanmoins peu nombreux dans les entreprises. Alors que les jeux de cartes sur ordinateur ou téléphone portable – plus discrets – ont la cote. Entre quelques pauses café ou cigarette, seul ou avec des collègues, occasions de bavardages familiaux ou ludiques qui éloignent un instant des préoccupations professionnelles et du stress du moment.

Longtemps cachées, prises à la sauvette, par crainte de se faire critiquer pour atteinte à la productivité, ces pauses ont désormais droit de cité, voire sont recommandées dans certaines sociétés. Car elles seraient bénéfiques à qui sait ne pas en abuser.

En juin 2012, le magazine américain *Forbes*[3] consacrait un article aux huit façons de se détendre pour être plus productif. « Des pauses brèves et peu nombreuses favorisent la concentration », affirment Alejandro Lleras et Atsunori Ariga, deux professeurs en psychologie de l'université de l'Illinois, dans un article de la revue *Cognition*[4]. Ils ont testé ce phénomène sur quatre-vingt-quatre personnes à qui il était demandé de faire un travail très répétitif sur ordinateur. Ceux qui ont dû travailler sans s'arrêter ont vu leur performance se dégrader à la différence des autres.

Et pour cause : le cerveau a besoin de faire des pauses et le signal, ont prouvé Florent Meyniel et Mathias Pessiglione, deux chercheurs en neurosciences à l'hôpital de la Pitié-Salpêtrière, à Paris [5].

Bruno, vingt-trois ans, agent forestier, n'a pas besoin de jardin zen pour écouter les bruits de la nature et regarder les arbres. Et pourtant lui aussi ressent le besoin de s'arrêter de temps en temps, pour profiter pleinement de cette nature, en silence, selon le web documentaire du *Monde*. Afin de se reposer « surtout moralement. Parce que je dépense beaucoup d'énergie à contourner les ordres pour préserver ma forêt », dit-il. La nature ne prend pas parti.

L'INTÉRÊT D'ÊTRE GENTIL

La revue *Psychologies* en a fait son cheval de bataille [6]. Sa Journée de la gentillesse n'est pas un concept mièvre. Les entreprises auraient tout intérêt à s'en emparer. Quitte à la rebaptiser Journée de la bienveillance, terme mieux adapté.

Dès 2011, trois cents d'entre elles avaient répondu à une grande enquête et défini les bonnes pratiques. Il n'y a donc plus qu'à faire comme elles (voir p. 127).

Être gentil est, certes, une attitude individuelle, mais aussi collective. Elle consiste à prendre des mesures pour améliorer le bien-être des collaborateurs, équilibrer vie professionnelle et vie privée. À partager la gouvernance, les décisions autant que possible, à donner plus de liberté à chacun. Elle impose de « poser un cadre », comme d'interdire toute réunion importante après 18 h 30, toute conversation ou échanges bruyants dans les bureaux paysagers. Elle implique d'apprendre aux dirigeants à bien se comporter, à mieux communiquer ; quitte à sortir « l'arme fatale, en indexant une partie de la rémunération variable sur ces nouveaux comportements. Rien de tel quand la part variable représente 60 % du salaire », conseille, malicieuse, Sylvie Bernard-Curie, directrice des ressources humaines et associée du cabinet de conseil et d'audit KPMG. « On ne promeut pas à un poste de manager quelqu'un qui ne se comporte pas bien humainement », affirme catégoriquement Carlo d'Asaro Biondo, directeur général de Google Europe.

Autant de mesures qui aident chacun, si nécessaire, à forcer son caractère ! Tout le monde y a intérêt. Y compris l'entreprise. Car être gentil est bon pour la productivité, la créativité. Une étude mondiale menée en 2007 par Towers Perrin, cabinet de conseil en ressources humaines, montrait que les sociétés qui comptent le plus fort pourcentage de salariés se considérant comme bien traités avaient collectivement accru leur bénéfice d'exploitation de 19 % cette année-là, quand celles situées à l'autre extrémité de la courbe, avec des salariés peu engagés, accusaient une baisse de 33 % de leur bénéfice d'exploitation.

Les Français ont des progrès à faire. M. d'Asaro, amené à côtoyer des équipes du monde entier, le confirme : « Je crains beaucoup pour la France qui se comporte avec hargne. On ne peut construire comme cela. »

COURAGE, AYONS PEUR !

Il en fallait effectivement, du courage, aux héros du *Salaire de la peur*, film culte de Henri-Georges Clouzot, pour transporter leurs quatre cents kilos de nitroglycérine sur les routes défoncées du Venezuela. Leur vie était en jeu, à chaque instant.

Mais aujourd'hui, c'est encore de courage qu'on parle quand un quidam, dirigeant ou salarié, s'oppose au point de vue dominant dans des bureaux confortables et bien chauffés. Ou quand un autre se décide à annoncer à ses collaborateurs que la situation est moins florissante que prévu. Pourquoi ? Laisser s'exprimer des avis opposés est pourtant le b.a.-ba du management livresque.

Et informer ses salariés de la situation de l'entreprise est également jugé nécessaire à la mise en œuvre d'une stratégie, pour que chacun comprenne les objectifs qui lui sont assignés. « Je joue la transparence. Je partage mes peurs. J'ai toujours les équipes derrière moi », témoigne Élodie Brasile, créatrice de FreeTouch, agence de communication interactive.

De quoi ont donc peur ces managers chevronnés ? De perdre leur job ? De manquer la prochaine promotion ? En grande partie. Mais pas seulement.

« À partir d'une certaine taille, une entreprise devient une institution », explique Christine Morel-Maroger, présidente d'Akropole Développement, société de conseil et de recherche appliquée en gouvernance et en management. « Vous n'êtes plus jugé que sur la réalisation de vos objectifs, le niveau de votre chiffre d'affaires. Pas sur votre capacité à innover, ni sur le développement des compétences de vos équipes. Toute erreur est sanctionnée. Le courage n'est pas valorisé, il ne fait pas partie des critères pour progresser dans la hiérarchie. »

Ne pas avoir de courage peut même paradoxalement favoriser une carrière. « On laisse pourrir une situation, pour s'auto-légitimer ensuite comme indispensable au système », poursuit Mme Morel-Maroger.

Certes. Mais en agissant ainsi, on entraîne l'entreprise dans une spirale descendante.

Il faut donc accepter d'avoir peur. Comprendre pourquoi et s'y confronter, afin d'en tirer profit, paradoxalement.

Christophe Caupenne, consultant, ancien chef négociateur du RAID, unité d'élite de la police nationale, s'en est fait une spécialité.

« Il faut savoir utiliser ses peurs en période de crise », dit-il en connaisseur. « J'aime ma peur. Elle me permet d'affronter les risques avec plus d'efficacité. »

Pour ne plus dire et entendre dire : « Courage, fuyons ! »

TEMPS PERDU, RETROUVÉ !

En voilà une bonne nouvelle. Une partie du temps perdu peut être retrouvée !

Les râleurs sont les meilleurs

Selon le Conseil national américain des statistiques [7], onze millions de réunions ont lieu tous les jours aux États-Unis, ce qui représente 37 % du temps de travail moyen d'un salarié. Et bien plus pour un dirigeant.

Nicolas Saliba, président de Tryane, un éditeur de logiciel qui passe les agendas électroniques à la moulinette des statistiques [8], a fait le calcul. « Sur un panel de 650 000 réunions analysées, totalisant 1,2 million d'heures, il apparaît qu'un manager passe en moyenne 22 heures par semaine en réunion. » Plus de la moitié de son temps de travail. Quand on sait que, selon l'étude américaine, 91 % des participants admettent avoir rêvassé pendant la réunion, et 39 % s'être assoupis, on mesure les réserves de productivité que toute entreprise recèle.

Beaucoup en sont conscients. Mais comment faire ? Les réunions ne sont-elles pas indispensables pour partager l'information, prendre une décision collective, entre autres ? Comment en améliorer la productivité ?

Les remèdes abondent sous forme de listes de bonnes pratiques. Convier toutes les personnes indispensables, mais elles et seulement elles. Démarrer les réunions à l'heure – et si possible pas à 18 heures, afin que le parent en charge des enfants pour la soirée ne se retrouve pas dans une situation inextricable. Fixer un horaire et s'y tenir. Préciser l'ordre du jour et le respecter. Écrire et diffuser les comptes rendus. Et, à la base, éviter de constituer des groupes de travail, dont l'objectif sera de torpiller toute décision prise par une autre instance !

Mais il est parfois difficile de mettre ces principes en œuvre. Car certains jouent double jeu. Ils critiquent les réunions, mais en sont friands. Ils se rengorgent d'en être. Si, pour gagner en efficacité, il est décidé de ne plus les convier, loin de s'en réjouir, ils en font une maladie. C'est « le syndrome des radiés de réunion », décrit le cabinet de conseil Bain [9].

D'où la bonne nouvelle. Des logiciels pour agendas électroniques apparaissent qui permettent de passer d'un jugement qualitatif à une évaluation quantitative. Nombre de réunions par service, délais de planification, pourcentage de réunions planifiées, annulées, remises. L'analyse ajuste un traitement de groupe ciblé.

Flicage, diront les uns. Facilitateur de vie, diront les autres. La technologie permettant le pire et le meilleur. Comme de trouver le temps recherché.

FAITES DES CHÈQUES EN BLANC !

En matière d'autorité, chacun semble déboussolé. Les dirigeants, secoués, quand ils ne sont pas désarçonnés par la crise, reprennent les rênes pour tenter de contrôler la situation. Les audits se multiplient, les procédures se resserrent, les risques sont identifiés, ou tentés de l'être, pour être mieux maîtrisés.

Simultanément, le management participatif est vanté de tous côtés. Mieux, « faites des chèques en blanc à vos équipes », disent Sanjay Khosla et Mohanbir Sawhney [10]. Ils ne sont pas de doux rêveurs. Sanjay Khosla, président des marchés en développement de Kraft Foods, est considéré comme un gourou du marketing ; il a considérablement accéléré le développement de l'entreprise agroalimentaire américaine. Son coauteur, Mohanbir Sawhney, dirige le centre de recherche en technologie et innovation de l'école de management de la Northwestern University.

« Au lieu de définir des budgets, les dirigeants devraient fixer des objectifs ambitieux, et laisser à leurs collaborateurs le soin de demander les ressources nécessaires pour les atteindre », conseillent-ils, à la suite de leur propre expérience.

Déjà, en 2009, en pleine tourmente financière, Isaac Getz, professeur à l'ESCP Europe à Paris, et Brian M. Carney, directeur des pages débats du *Wall Street Journal*, avaient connu un franc succès en décrivant leur concept d'« entreprise libérée », dans un livre désormais traduit en français [11]. Plutôt que de chercher mille astuces pour motiver ses salariés, mieux vaut mettre en place « un environnement qui leur permettra de se développer et de s'autodiriger », prônent-ils. Réciprocité et bienveillance se substituent à autorité et obéissance.

Délivrer ce message après les dégâts de traders incontrôlés et de banquiers peu scrupuleux, n'est-ce pas une provocation ? « Diriger son entreprise en fonction des 3 % de fraudeurs n'est pas dénué de coûts et de risques », rétorque M. Getz. Les cohortes de salariés démotivés, qui réalisent leur tâche sans passion, sans conviction, en n'y investissant qu'une fraction très limitée de leurs capacités, dégradent bien plus sûrement la productivité.

Les équipes de Kraft ont déniché des marchés insoupçonnés dans des secteurs en déclin. Grâce au chèque en blanc. Essayez !

LES VACANCES POUR MIEUX DÉLÉGUER

Les bureaux se vident ; et les villes aussi, quand arrive la période des anciennes « grandes vacances », dénomination de moins en moins justifiée. Même si la durée de nos congés payés en fait rêver plus d'un à l'étranger. Parmi ceux qui ont un travail, s'entend. Et qui peuvent se permettre de s'égayer hors de leur lieu de vie habituel.

Ces chanceux auraient de plus en plus de mal à débrancher. Pas facile de se mettre en mode vacances ! Éviter de penser aux collègues, clients, fournisseurs, actionnaires, et d'ainsi parasiter ses songes.

Tablettes et autres portables n'arrangent pas la situation : 45 % des Français en activité projettent de travailler pendant leurs congés d'été, selon une étude réalisée par MindMetre pour la société Regus [12].

Comment résister à consulter ses mails, sans y répondre, et replonger dans les dossiers que l'on était censé laisser de côté ?

Les femmes y parviendraient mieux que les hommes. Est-ce parce qu'elles sauraient mieux résister à cette tentation numérique, comme le suggère l'étude ? Ou parce que d'autres contraintes (familiales, sociales) leur en laissent moins la possibilité ? Toutes les interprétations sont ici les bienvenues et pourront animer les fins de journées ensoleillées !

Reste que les Français sont quand même moins nombreux à travailler durant leurs congés que la moyenne des 26 000 personnes en activité dans l'un des 95 pays couverts par l'étude. À noter cependant que les Allemands ne sont que 29 % à le faire, sans que leur productivité, tant vantée, ne semble en souffrir.

Car savoir se déconnecter n'a pas pour seule utilité de se maintenir en bonne santé, en se remettant de la fatigue accumulée pendant l'année, pour repartir en septembre avec une énergie décuplée. Se déconnecter oblige à déléguer, notent les coachs du cabinet Visconti [13]. Ce qui accroît la valeur de l'entreprise, ajoutent ces experts. Sans oublier que prendre du recul est bon pour la créativité.

Certes, débrancher n'est pas sans risque : 70 % des Français ont besoin de un à quatre jours pour se remettre au travail après les vacances, selon le cabinet de recrutement Robert Half [14]. Il faut de l'énergie pour changer d'état ! En physique comme ailleurs.

Chapitre 2

ÉCOUTER, SAVOIR SE FAIRE ENTENDRE

Participation, controverse, forum, en ou hors ligne sont des termes très à la mode. Mais qu'en est-il réellement ? Des vœux pieux trop souvent. Parce que la simple formulation, évocation de ces concepts, suffit à certains pour leur donner l'illusion du travail accompli.

Et parce que débattre nécessite de savoir écouter. Non seulement les sons de son baladeur ou autre téléphone, qui s'avèrent très utiles quand on les utilise à bon escient. Mais aussi et surtout les propos de son interlocuteur. L'écouter, l'inciter à s'exprimer, à se battre pour ses idées. En confiance. Tout un art, qui peut contribuer à transformer des cohortes de cadres moyens désabusés en personnes talentueuses, qui feraient cruellement défaut, dit-on.

Boîte à idées : colis piégé !

Quoi de plus énervant que de se voir demander son avis, pour se rendre compte que son interlocuteur ne tient aucun compte de vos propos ?

Cette situation est pourtant courante en entreprise. Brainstormings collectifs, groupes de travail et autres séminaires stratégiques se succèdent et s'ajoutent aux classiques boîtes à idées.

Surtout depuis qu'il est dit que le personnel doit être considéré comme une « partie prenante » essentielle, au même titre que les actionnaires, fournisseurs ou clients. Et que, de fait, un « management plus collaboratif » est une des principales sources de motivation [1].

Mais, bien souvent, les suggestions sont sans suite, en raison d'une organisation défectueuse, mais aussi du fait de dirigeants sciemment manipulateurs, inconscients des conséquences de leur pseudo-consultation.

« Dirigeants narcissiques, destructeurs, psychopathes, machiavéliques » : deux chercheurs, Gerdien de Vries et Bart Terwel, de l'université de Leyde (Pays-Bas), et une troisième, Karen Jehn, de l'université de Melbourne (Australie), ont décrit ces spécialistes de l'imposture [2].

Que ceux qui en ont été les victimes se rassurent : leur cas n'est pas exceptionnel et ne signifie nullement que leurs propos n'étaient pas dignes d'intérêt.

Les trois chercheurs ont interrogé des salariés et des dirigeants. Aux premiers, ils ont demandé s'ils avaient le sentiment que leurs suggestions étaient suivies d'effets ; et aux seconds, s'ils avaient accordé de l'importance aux propos des premiers.

Résultat : les dirigeants sont plus nombreux à avouer qu'ils ne tiennent aucun compte des suggestions de leurs salariés que ceux-ci ne le suspectent ! Conclusion : quand les salariés sentent que leur avis n'est pas pris en compte, ils ont plus que raison.

Cette pseudo-démocratie a des conséquences désastreuses. Non seulement elle dissuade les employés de proposer ensuite toute idée qui pourrait être utile au groupe, mais, en outre, elle provoque conflits, agressions verbales, voire actions de sabotage.

Frustré, l'employé hésite à s'en prendre à son patron par crainte de mesures de rétorsion. Mais il se venge sur ses collègues en étant abusivement autoritaire, ce qui peut dégénérer en bagarre, affirment les chercheurs.

La pseudo-démocratie est une bombe à retardement.

Écoute !

Le concept s'apprend dès l'école primaire. En France, encore plus qu'ailleurs. Pour qu'une communication s'établisse, il faut savoir s'exprimer, mais aussi et surtout, savoir écouter.

La situation se décline en entreprise. Les dirigeants, s'identifiant sans doute aux maîtres d'école de leur enfance, ne considèrent guère l'écoute comme une priorité. Ils exposent leurs décisions organisationnelles. Les directions de la communication ont pour tâche de relayer la bonne parole, que ce soit en interne ou à l'extérieur de l'entreprise. Rarement de faire circuler l'information dans l'autre sens. De la base vers le sommet.

Et pourtant, les problèmes de compréhension de l'autre et de ses motivations, de conflits personnels dans l'entreprise sont cruciaux, et parfois bien plus compliqués et pénibles à résoudre que les questions financières.

« Une bonne écoute peut faire la différence entre une carrière longue [sous-entendu, réussie] et une beaucoup plus courte », prévient Bernard Ferrari, consultant et auteur d'un guide pour dirigeants [3].

Chacun sait qu'écouter est nécessaire pour motiver ses collaborateurs, apprécier les évolutions du marché, de la concurrence. Mais il est tellement plus agréable de parler, d'exposer, quand ce n'est pas d'imposer son point de vue, de se faire valoir.

Maintenant plus que jamais, estime Kevin Sharer, le PDG de la société de biotechnologie Amgen, dans le même ouvrage. « Il est très important d'entendre le danger, même si le signal en est très faible. Car la presse, les blogs, [et on pourrait ajouter les réseaux sociaux] sont de gigantesques caisses de résonance. »

Des coachs « spécialistes de l'écoute » proposent leurs services. Ils sont moins nombreux que les experts de la prise de parole en public, certes. Mais l'offre existe. La demande moins, tant chacun pense que l'attitude est innée.

Attentionné, M. Ferrari nous propose une typologie des infirmes de l'écoute. Pour mieux les repérer et y faire face. Entre le « borné, sûr de lui », qui écrase toute idée de ses collaborateurs ; « le râleur », qui sait d'avance que ce qui va lui être dit n'est pas digne d'intérêt ; « le tortueux », qui pose des questions pour coincer l'autre ; « le redondant creux », qui répète ce qui vient d'être dit, prenant la parole pour le plaisir ; le « M. Réponse à tout », qui cherche avant tout à se faire valoir ; ou « le fourbe », qui est toujours d'accord, mais n'en pense pas moins.

À chacun de se reconnaître… ou de reconnaître son prochain !

LE SILENCE EST D'ARGENT, MAIS LA PAROLE EST D'OR !

Créativité et innovation doivent devenir les deux mamelles de la France, semble-t-on dire de tous côtés. Les deux planches de salut pour sortir les entreprises de la crise et redresser le pays. Rares sont les dirigeants qui n'y font pas référence quand ils décrivent leur stratégie. Les méthodes fleurissent pour aider chacun à sortir des sentiers battus, libérer son imagination, collectivement.

Les consultants en font leurs choux gras.

Mais pour créer, innover, il faut avoir des idées… et le faire savoir. Or ce ne serait que très rarement le cas. Parler fait peur. Un chercheur américain, Ethan Burris, professeur de management à l'université du Texas, est un spécialiste de la question. Il s'alarme de ce mutisme [4], et « des idées brillantes que les patrons n'auront jamais l'occasion d'entendre ». Il prend pour exemple une profession extrême, où le sans-faute est bien plus vital que pour n'importe quel chef d'entreprise : celle des infirmières. Près de la moitié d'entre elles (44 %) disent ne pas transmettre leurs idées, leurs suggestions aux chirurgiens avec lesquels elles travaillent, selon une enquête menée par le professeur à l'Hôpital de New York.

Dans une autre étude [5], publiée en 2010, dans la *Harvard Business Review*, sous le titre « Pourquoi vos employés sont-ils silencieux », M. Burris constatait que c'était parce qu'ils avaient peur dans 20 % des cas. Peur des représailles ; peur de dire une bêtise, une absurdité.

L'éducation – aux États-Unis apparemment, en France sûrement – y est pour quelque chose. Certes, les bavards dérangent. Mais répéter que « la parole est d'argent, mais le silence est d'or » finit par dissuader tout un chacun de se faire entendre.

Les boîtes à idées, et autres forums ouverts sur Internet, ne semblent pas y changer grand-chose. Pire : ces outils sont souvent contre-productifs ; ils sollicitent, créent de l'espoir, mais ne sont le plus souvent pas suivis d'effets. Car « les managers ont des emplois du temps d'enfer. Et ils n'ont aucune envie d'entendre parler de nouveaux problèmes à résoudre », explique M. Burris. D'autant qu'ils ressentent souvent ces suggestions comme des menaces et préfèrent donc les enterrer.

La preuve ? Selon une enquête [6] réalisée en 1997 dans l'*Accounting Review*, revue de comptabilité américaine, une infime minorité d'entreprises prend en compte l'innovation dans le calcul des bonus.

Certes, bien souvent, les créatifs, apporteurs d'idées, n'attendent pas de leur trouvaille une augmentation de salaire, mais plutôt davantage de considération. Reste que l'argent en est une expression non négligeable !

FAITES DES TALENTS, PAS LA GUERRE !

Les directeurs des ressources humaines, en France, comme ailleurs dans le monde, ont un gros souci : la pénurie croissante des talents. Ce serait même une de leurs principales préoccupations, selon une étude réalisée conjointement par le

Boston Consulting Group (BCG) et l'Association européenne de gestion de personnel (EAPM)[7].

Alors que la crise fait rage, les entreprises seraient en « guerre » ; non pas contre leurs banquiers ; ou pas seulement ! Elles sont en guerre les unes contre les autres pour attirer les meilleurs esprits. Mais qui sont-ils donc ?

Car simultanément, plus d'un jeune sur dix dans le monde et près d'un jeune Français sur quatre cherchent un travail et n'en trouvent pas, selon l'Organisation internationale du travail[8]. Et pas seulement les moins diplômés.

Serait-ce parce que cette guerre des talents ne se livre qu'en Inde, en Chine, ou au Brésil, là où la croissance est au rendez-vous, mais où les talents ne se forment pas en nombre suffisant compte tenu des besoins ?

« Entre 2003 et 2008, quarante des plus grosses multinationales européennes – secteur financier exclu – ont créé 500 000 emplois à l'étranger alors qu'elles en supprimaient dans le même temps 300 000 dans leur pays d'origine », constate le BCG.

En Europe, comme « en France, les tensions existent aussi », affirme Jean-Michel Caye, directeur associé senior au BCG et coauteur de l'étude.

Parce que même si les entreprises du Vieux Continent réalisent désormais 40 % de leur chiffre d'affaires en dehors de l'Europe, elles continuent de recruter leurs dirigeants parmi leurs semblables, européens comme eux.

D'où la recommandation du BCG : « Faites donc les talents, pas la guerre ! » C'est-à-dire anticipez, gérez et retenez vos salariés.

La tactique permet de trouver ces fameux talents tout en redonnant le moral aux cadres moyens désabusés, pour avoir été trop souvent traités comme des exécutants d'une stratégie définie par d'autres, sans eux. La tactique rend d'ailleurs les entreprises plus performantes, a calculé le BCG.

En offrant à leurs cadres davantage de possibilités de promotions, les dirigeants créent des appels d'air en cascade, et, in fine, peuvent enfin ouvrir leur porte aux jeunes. Et la boucle est bouclée.

Quel talent !

DÉCRÉTER LES JEUDIS DE LA CONVERSATION

Sherry Turkle, psychologue et professeur au Massachusetts Institute of Technology (MIT), est une gourou de la sphère numérique.

L'une de ses dernières propositions [9] est simplissime à mettre en œuvre et pourrait avoir des conséquences formidables. « Dans les entreprises, les employés ont demandé des *"casual Fridays* [vendredis décontractés] », c'est-à-dire des journées où chacun, du haut en bas de l'échelle hiérarchique, s'habille moins formellement ; ce qui, pense-t-on, est censé déteindre sur les comportements, rendre les relations entre individus plus simples, plus fluides. « Peut-être les dirigeants devraient-ils créer des *"conversational Thursdays"* [jeudis de la conversation] », propose Mme Turkle.

Il ne s'agit bien sûr pas de babiller, papoter, deviser de tout et de rien, autour de la machine à café ou ailleurs. Mme Turkle, spécialiste de l'étude des conséquences des nouvelles technologies sur les comportements humains, sait aussi ce que productivité veut dire. Elle préconise de prendre le temps d'échanger des idées, de confronter des points de vue. Et non plus seulement de se parler par bribes, rapidement, en quelques mots, comme sur Twitter ou par SMS.

Ce qui devient la règle. « Nous basculons d'un univers de conversations à un univers de connexions », résume-t-elle. Car « les dispositifs électroniques dont chacun dispose désormais ne changent pas seulement ce que nous faisons, mais aussi ce que nous sommes », a-t-elle observé.

Cela peut avoir des conséquences désastreuses. Petit à petit, les échanges frustes deviennent la règle, jusqu'à faire oublier qu'il peut en être autrement. L'art de la conversation se doit d'être cultivé, si l'on veut qu'il perdure. On sait à quelle vitesse le vocabulaire peut s'atrophier. Or, en réduisant les échanges au strict minimum, il n'est plus possible de vraiment comprendre qui est en face de soi, quelle est sa personnalité, quels sont ses souhaits, ses freins. Au point que certains préféreraient maintenant parler à des machines, des robots, mieux à même de les comprendre que des humains ! Le cercle vicieux est terrifiant.

Bien sûr, les jeudis de la conversation impliqueraient que l'on s'impose de ne pas regarder l'écran de son téléphone portable durant les réunions et entretiens. Et que l'on s'interdise de sortir ses écouteurs au premier instant de solitude. Pour être ouvert à l'échange, avec un proche ; et pas seulement par la voie des ondes.

MUSIQUE EN TÊTE

Il est devenu banal de déambuler, de voyager, de travailler dans un univers sonore, écouteurs aux oreilles. Certains ne peuvent plus s'en passer.

Écouter, savoir se faire entendre

Parce que la musique agit un peu comme une drogue. L'écoute d'une musique que l'on affectionne « déclenche une sécrétion de dopamine dans le cerveau, à l'instar de la cocaïne et des amphétamines », écrit Robert Zatorre, professeur de neurosciences à l'université McGill de Montréal[10]. Une drogue qu'il serait même utile d'administrer pour faciliter certains apprentissages – en particulier des langues, a prouvé Daniele Schön, chercheur à l'Institut de Neurosciences des Systèmes, de l'université d'Aix-Marseille[11]. Qui n'a jamais chanté les airs et paroles de chansons étrangères apprises sur les bancs de l'école, alors même qu'il pensait avoir tout oublié de la langue ainsi fredonnée ?

Les chirurgiens mélomanes seraient aussi plus efficaces, plus précis quand ils effectuent des tâches de routine en musique, selon une expérience menée en 1994 par Karen Allen et Jim Blascovich[12], deux chercheurs en psychologie de l'université de Buffalo (New York).

Mais attention aux généralisations ! L'« effet Mozart », décrit il y a une vingtaine d'années, et selon lequel l'écoute de la musique permettrait de mieux travailler, n'agit que sous certaines conditions. Mal administré, le remède produit, au contraire, des ravages !

Écouter de la musique avant de se mettre au travail dope l'efficacité professionnelle. Ne serait-ce que parce que cela rend heureux et calme les anxieux. En revanche, écouter de la musique tout en travaillant serait plutôt catastrophique, la profession des chirurgiens étant, on l'espère, l'exception qui confirme la règle !

Nick Perham, chercheur au département de psychologie appliquée de la Cardiff Metropolitan University (Pays de Galles), vient non seulement de prouver que l'on mémorise moins bien quand on travaille en musique [13], mais, en outre, que les performances sont particulièrement dégradées quand la musique écoutée est une musique aimée. À la limite, si l'on ne peut s'en passer, mieux vaut donc écouter un air inconnu ou qui ne fait guère vibrer. Mais alors, à quoi bon ?

Actionnaires, patrons, salariés, retraités : même combat !

Être actionnaire et salarié de sa société est une option fort discutée. N'est-ce pas mettre tous ses œufs dans le même panier ? Lier tout ou partie de son épargne à son emploi ? Et risquer de perdre les deux à la fois ? D'autant que cette période économiquement troublée voit les cours de Bourse s'effondrer et les entreprises dégraisser.

À moins que le contraire ne soit vrai. Ce que plaident les adeptes de l'actionnariat salarié qui voient en cette possibilité la meilleure façon d'aligner les intérêts des employés d'une société et ceux de leurs actionnaires. La formule permettrait d'enclencher un cercle vertueux et profitable tant pour les uns que pour les autres.

Une étude publiée en juin 2013, c'est-à-dire en pleine déprime économique, devrait rallier les plus sceptiques [14]. Elle indique qu'au 31 décembre 2012, les entreprises du CAC 40 ne valaient alors plus, en Bourse, que 1,17 fois le montant total de leurs fonds propres, soit à peine plus que leur prix à la casse, c'est-à-dire le montant qui aurait été perçu s'il avait fallu vendre immédiatement leurs actifs (usines, équipements, etc.) à leur valeur comptable, selon les experts du cabinet Ricol Lasteyrie.

Une entreprise sortait du lot : Essilor, dont la valorisation boursière atteignait, au même moment, 4,4 fois le montant de ses fonds propres. Le cours de son action s'était apprécié de près de 65 % durant la période de forte crise, entre 2007 et 2011, pendant que l'indice du CAC 40 chutait de plus de 47 %.

Au 31 décembre 2012, salariés et retraités détenaient alors 8,3 % du capital d'Essilor et 14,3 % des droits de vote. Ils en étaient le principal actionnaire. Troublant.

Leur participation est plus que financière. Ceux qui le désirent, à savoir un actionnaire salarié sur deux, sont réunis au sein d'une association, Valoptec, qui vote en leur nom. L'association a son propre conseil d'administration. Toutes les catégories de personnel, et les différentes régions du monde, y sont représentées. La direction générale d'Essilor s'en sert pour « avoir le pouls de l'entreprise », explique Aïcha Mokdahi, présidente de Valoptec, et parallèlement directeur des opérations d'Essilor.

Chaque année, les salariés accordent ou non leur confiance en la direction générale de l'entreprise par un vote. « Un résultat inférieur à 90 % de voix pour est considéré comme un signal d'alarme », précise Mme Mokdahi, qui siège non seulement au conseil d'administration de l'entreprise, mais aussi à son comité d'audit et des nominations.

Les retraités, mais aussi les héritiers des fondateurs, demeurent membres de Valoptec. « Ils sont en permanence vigilants. Ils m'aident à réfléchir sur certains sujets complexes qui nécessitent d'avoir une vision d'ensemble », apprécie

Mme Mokdahi. De loin, comme de près. Et partagée !

VIVE LA DISPUTE

« Ce ne sont pas les travailleurs qu'il faut soigner. Mais le travail. Un travail soigné est bon pour la santé. » La pirouette est signée Yves Clot, titulaire de la chaire de psychologie du travail au Conservatoire national des arts et métiers. Il aime bousculer les principes. On se régale de ses acrobaties intellectuelles. On l'écoute, pour réaliser que l'on marche sur la tête. Et qu'il est grand temps de retomber sur nos pieds.

Sa thèse est simplissime [15]. Pour améliorer la qualité de vie au travail, il faut commencer par se préoccuper de la qualité du travail. Parce que pour être en bonne santé, il faut être fier de ce que l'on fait ; se reconnaître dans sa société, sa marque, son histoire.

Se préoccuper de la qualité du travail n'est pas un truisme. Chaque dirigeant peut affirmer ne penser qu'à ça. Dans les faits, il est impuissant. L'organisation hiérarchique traditionnelle et ses modes de prise de décision ne permettent pas de déceler ce qui nuit à la qualité et à la santé des salariés. Et comment y remédier. La preuve : un salarié sur quatre estime que son travail menace sa sécurité ou sa santé, selon une enquête du groupe Randstad [16].

Pour faire du bon travail, il faut discuter avec ses collègues, sa hiérarchie. Se disputer. Car souvent, très souvent, personne n'est d'accord sur la qualité elle-même, et encore moins sur les moyens d'y parvenir. Tant mieux. Car seules « la discussion, la confrontation, la controverse permettent de découvrir le réel. Pour faire le tour d'une question, mieux vaut ne pas être d'accord », poursuit le psychologue, gymnaste de l'esprit.

Mais attention : faire s'exprimer les salariés, comme cela se pratique dans les cercles de qualité, n'a aucun sens. Les travailleurs de plus bas niveau doivent participer aux « disputes ». Mais aussi aux décisions. À défaut, « les ressources humaines sont gaspillées. Les performances financières et autres en pâtissent. Les organisations dissipent massivement de l'énergie ».

Se disputer, mais avec respect. Ce qui ne peut être une exigence préalable. Cette disposition d'esprit est absente des organisations, précise le psychologue, réaliste. En revanche, « le respect s'obtient quand les gens se mettent à respecter le travail. Le travail bien fait ne se discute pas ». Respect !

LE SON DE LA VOIX

On connaît le délit de sale gueule. On ignore trop celui de sale voix.

La voix d'un conférencier aurait deux fois plus d'importance que ce qu'il dit, selon une étude [17] réalisée par Quantified Impression, une société de conseil américaine.

Le *Journal of Voice*, publication scientifique consacrée à la voix, ajoute que celle-ci joue un très grand rôle dans l'image que l'on donne de soi.

Le quotidien financier américain livre quelques clés pour décoder, anticiper et donc tenter de remédier, quand cela s'avère nécessaire, à cette mauvaise image. Il dresse des figures types.

Le stentor, qui parle beaucoup trop fort. Parfait sur une estrade mais insupportable sur le lieu de travail, quand chacun profite de ses conversations privées, au risque d'empêcher un plateau entier de se concentrer.

La voix, en point d'interrogation, qui s'élève, au lieu de baisser de quelques tons, en fin de phrase. Elle inquiète, décourage l'adhésion quel que soit le propos. Tout comme la soporifique monocorde.

L'irritant parle du nez, tel un perpétuel enrhumé. Il exaspère.

La voix de bébé donne une impression d'immaturité. On la pense trafiquée par une personne en quête d'un protecteur. Le bancal ne peut s'empêcher d'ajouter des « tu vois » et autres « c'est-à-dire » tous les trois mots. L'interlocuteur n'entend plus que ces béquilles langagières, et en déduit que celui qui les profère ne peut être que maladroit.

Et le chuchoteur, qui parle trop doucement, comme dans un souffle. Il semble faible, désireux que l'on prenne soin de lui.

Autant de défauts d'élocution qu'il serait possible de corriger, selon les orthophonistes et autres spécialistes. Mais alors qu'il est courant de travailler son apparence, sa coupe de cheveux, son maquillage, sa tenue vestimentaire, l'on en fait rarement autant pour sa voix. Hormis les acteurs et professionnels du spectacle. Ou les animateurs et journalistes de l'audiovisuel. Sans le savoir, on peut souffrir de discrimination pour voix désagréable. Un employeur échaudé, après avoir embauché une personne dotée de toutes les qualités mais d'une voix fortement éraillée, aurait ajouté ce critère pour sélectionner les nouveaux embauchés. Tant les cordes vocales mal ajustées du premier avaient exaspéré clients et salariés. Moralité : rien de tel que de s'accorder la voix, pour accorder les voix. Il suffisait d'y penser !

Chapitre 3

LES BONNES MANIÈRES DE DIRE, DE FAIRE, ET D'ÊTRE POUR RÉUSSIR SA CARRIÈRE

La sincérité est une valeur suprême, certes. Ne comptez surtout pas sur nous pour vous dire le contraire. Mais, hélas, la vérité n'est pas binaire. Entre le vrai et le faux, le blanc et le noir, une palette de demi-teintes se déploie. Il y a la vérité que l'on préfère voiler. Les propos erronés que l'on choisira d'ignorer. Les doutes que l'on laissera planer. Pour se faire bien voir, dit-on dans les cours d'école. Donner une image valorisante de soi, en langage plus mature.

Jouer au fou, quand on ne l'est pas. Pour déstabiliser l'adversaire, au sens sportif du terme. Celui avec lequel on est en compétition pour lui arracher une augmentation, s'il s'agit de son patron, ou un nouveau marché, si c'est un client potentiel qui est de l'autre côté du filet.

À l'inverse, s'entourer de précautions stylistiques ou oratoires quand on se retrouve malade pour de bon.

Faire semblant de dire ce qu'on a sur le cœur. Jouer avec la rumeur.

Contrôler son humeur ; ou au contraire s'en servir comme d'une arme. Tant les carrières se déroulent selon des chemins parfois très obscurs. Des travaux empiriques aident à les éclairer… Ou à rappeler les règles de base. Comme la pratique du don et du contre-don, le potlatch de Marcel Mauss, le troc. L'échange et le partage. Sans angélisme. Mais gagnant, gagnant.

Première impression

L'information fait frémir. Un dixième de seconde suffit pour qu'un employeur potentiel, ou un membre de jury de concours ou d'examen, se fasse une opinion sur quelqu'un. Dans un laps de temps aussi court il se fera une première impression : compétent (ou incompétent), travailleur (ou cossard), aimable (ou détestable). Et pour peu que ce sélectionneur se vante de se fier

Les bonnes manières de dire, de faire, et d'être...

à son intuition, les conséquences peuvent être formidables (ou désastreuses).

Un chercheur américain, Alex Todorov, professeur de psychologie à l'université de Princeton (États-Unis), avait fait ce constat dès 2006, à la suite de tests réalisés sur deux cents personnes. Les résultats en ont été publiés dans la revue *Psychological Science*[1]. D'après ceux-ci, le temps ne fait rien à l'affaire. La réflexion modifie peu la première impression.

Celle-ci est pourtant le plus souvent erronée. « On se trompe soi-même, car on juge en se référant à des émotions primaires. Un visage large évoque un homme patibulaire, donc agressif », explique Nathalie George, directrice du centre de recherche Cogimage, neurosciences cognitives et imagerie cérébrale (CRICM) du CNRS. « Et un visage anguleux évoque maturité, et donc compétence, à la différence des visages poupins[2]. »

La prophétie peut s'avérer auto-réalisatrice, mais aussi totalement contrariée. Leslie Zebrowitz, professeur de psychosociologie à l'université Brandeis (États-Unis), a ainsi démontré que, dans certaines conditions, on compte plus de criminels parmi les hommes au visage angélique que dans la moyenne de la population[3].

Il n'empêche qu'il faut tenir compte de ces préjugés. Car « une personne perçue comme incompétente à cause de son visage devra fournir beaucoup plus de preuves de ses capacités qu'une personne initialement considérée comme compétente. On est tous sensibles à ces indices. Il faut en prendre conscience », souligne Mme George.

Le livre de Sébastien Bohler *Quand vos gestes parlent pour vous*[4], lu au second degré, peut y aider. Il livre tous les stéréotypes et clichés, du « galbe d'une femme », de la « courbe de ses hanches », de « la finesse de sa taille » – qui seraient corrélés positivement à son coefficient intellectuel – à la détection des sourires hypocrites. En passant par la supposée intelligence supérieure des gauchers. Certaines constatations sont davantage maîtrisables, comme d'incliner légèrement la jambe gauche vers son interlocuteur pour se montrer extraverti… Mieux vaut le savoir. Et travailler son jeu de jambe pour assurer sa carrière !

MŒURS ET RUMEURS

Se faire bien voir est tout un art : être considéré non seulement par son supérieur hiérarchique ou ses proches collaborateurs, mais plus généralement par ceux qui font et défont les carrières dans l'entreprise. Se bâtir une réputation. Faire que l'on

Les bonnes manières de dire, de faire, et d'être...

dise de vous : « C'est un bosseur », « Elle a mille idées à la seconde » ou encore « C'est un manager aimé de ses équipes », sans parler de « son carnet d'adresses : impressionnant ! ».

Ce qui est probablement vrai. Mais s'applique à des dizaines d'autres personnes qui ne bénéficient pas de la même aura. La raison en est simple, nous dit Jean de La Bruyère (*Les Caractères*, II-5) : « Les hommes sont trop occupés d'eux-mêmes pour avoir le loisir de discerner les autres : de là vient qu'avec un grand mérite et une plus grande modestie l'on peut être longtemps ignoré. »

La réputation est donc affaire, non de mœurs – quoique ! – mais de rumeurs. Pour sortir de l'ombre... ou écraser son adversaire. Dans son livre *Orchestrer la rumeur*[5], Laurent Gaildraud, consultant et enseignant, indique comment bâtir ces histoires plus ou moins réelles pour s'en servir. Tâche machiavélique... ou bénéfique, selon l'usage que l'on en fait.

Certes, « 91 % des rumeurs relèvent de la haine ou de la peur ; et, à ce titre, elles sont plus efficaces pour affaiblir que pour asseoir une réputation », dit-il. Si l'on répugne à de telles bassesses, la méthode s'applique aussi aux 9 % restants. La rumeur peut être positive, valorisante. Profitons-en.

Mais attention aux idées préconçues. Compter sur ses proches, ses relations de travail quasi quotidiennes est, paradoxalement, inefficace. Ces personnes, en propageant la rumeur – fondée certes – de vos qualités, auront l'impression de vous faire une fleur et seront moins convaincantes pour vous promouvoir. Mieux vaut donc utiliser les « liens faibles », et si possible des inférieurs hiérarchiques, plutôt que le contraire. L'astuce suprême étant d'envoyer des mails apparemment mal orientés à des destinataires influents. « L'individu ne peut alors se méfier d'une information qui ne lui était pas destinée. »

Autre paradoxe : ne pas compter sur les leaders d'opinion, ceux qui semblent écoutés de tous. Comme le dit La Bruyère, ils seront peu enclins à diffuser une histoire qui ne leur serait que moyennement utile. « Mieux vaut viser quelqu'un de crédule, qui propage un récit sans trop réfléchir », préconise M. Gaildraud.

Le sens politique n'emprunte pas les sentiers battus.

HISTOIRE DE FOU

En 1969, en pleine guerre du Vietnam, le président des États-Unis, Richard Nixon, avait simulé

Les bonnes manières de dire, de faire, et d'être...

une alerte nucléaire près de la frontière de l'Union soviétique. Cette opération avait pour objectif de pousser le pays à faire pression sur le Vietnam du Nord, pour qu'il accepte de reconnaître le régime sud-vietnamien soutenu par Washington.

Cette « stratégie du fou » aurait échoué, selon les uns, finit par réussir, selon les autres.

Marwan Sinaceur, professeur de comportement organisationnel à l'Institut européen d'administration des affaires, a voulu savoir si une attitude émotionnelle pouvait être efficace dans le monde des affaires.

Pour inspirer la confiance et remplir ses objectifs, il est généralement admis qu'il vaut mieux être rationnel et être – apparemment en tout cas – doté d'un parfait équilibre mental.

La colère serait généralement mauvaise conseillère, comme le veut l'adage. Il vaut mieux menacer que hurler (voir p. 73).

À quelques exceptions près, toutefois. « Alterner phases de colère et phases de bonheur, durant lesquelles on s'affiche au contraire heureux et conciliant, permet d'arracher plus de concessions », assure en effet M. Sinaceur, à la suite de ses travaux expérimentaux [6].

L'idéal : préméditer un comportement soupe au lait. « Paraître imprévisible, créer de la surprise, de l'incertitude », précise le chercheur. L'interlocuteur aura ainsi le sentiment qu'il ne contrôle plus la situation. Et par crainte d'une nouvelle explosion, qui risquerait de tout faire capoter, il deviendra alors plus conciliant.

Mais la partition doit être bien jouée ! Il est par exemple impératif de commencer à négocier avec gaieté, puis de passer à un état colérique, pour finir d'humeur joyeuse. Démarrer la discussion en étant déjà à cran est une erreur, a établi M. Sinaceur. « Plus la colère est tardive, mieux c'est », ajoute-t-il. L'idéal étant de l'exprimer « de manière non accusatoire, non agressive ».

Et, quand on se trouve placé dans la situation de celui à qui on fait le coup (de la colère imprévisible), le mieux est de rester le plus silencieux possible et de garder le sourire aux lèvres pour montrer qu'on n'est guère impressionné. D'autant qu'il est bien difficile de déceler si l'ire est feinte ou pas.

Le calme peut être également désarmant.

Entretien de saison

Novembre est la saison des entretiens d'évaluation, rituel nécessaire à la définition des salaires et des primes.

Les bonnes manières de dire, de faire, et d'être...

Pour s'y préparer, prendre la distance nécessaire : rien de tel que de lire, ou relire, *L'Augmentation*, hilarant texte de Georges Perec [7].

Mieux vaut en rire, effectivement. Certes, on ne tergiverse plus avant de frapper à la porte de son chef pour lui exposer sa requête, comme le font les héros de Perec. Certes, on ne s'excuse plus de demander pardon, comme le chantait Fernand Reynaud. Dans la plupart des entreprises, l'entretien est programmé. On ne peut y échapper.

La théorie veut que l'on dise à son supérieur direct ce qu'on a sur le cœur ; et réciproquement. Histoire de démarrer l'année sur des bases claires. Et d'évoquer ses souhaits d'évolution, bon moyen pour saisir des opportunités.

Bas les masques ! Tension, angoisse dominent chez beaucoup, d'un côté du bureau comme de l'autre [8]. Surtout en période de crise ou d'incertitude, ce qui est une situation quasi générale. Garder son poste sera déjà considéré comme une victoire pour beaucoup. Gare aux faux pas ! Un zéro faute n'est même pas un gage de succès, comme à l'école. Une bonne note permet néanmoins de mieux négocier son départ, quelques mois plus tard, quand « désolés » il faut se séparer. Conjoncture oblige. L'enjeu est donc de taille.

L'entretien est une joute. D'un côté, celui qui a l'enveloppe, son montant. De l'autre, celui qui souhaite s'arroger la meilleure part possible du gâteau.

C'est le moment des reproches, qui sont autant de munitions à asséner à celui qui aurait des prétentions trop élevées.

Pas question d'en parler autour de la machine à café. Mieux vaut être discret ; car la concurrence est vive quand les entreprises sont de plus en plus nombreuses à diminuer leur budget consacré aux augmentations, quand elles ne décident pas de le supprimer carrément.

Rassurons-nous : « Nous sommes profondément humains. Nous faisons tout pour les comprendre », disait le héros de Perec. Alors que les chartes d'entreprise et leurs lots de valeurs, tels le courage et la transparence, n'existaient même pas.

Tous les espoirs sont donc permis !

Dire ou ne pas dire ?
L'essentiel n'est pas à dire

Le 24 août 2011, Steve Jobs annonçait qu'il démissionnait de son poste de PDG d'Apple. Sa maladie, révélée en 2004, n'était plus un secret pour personne. Il devait en décéder six semaines plus tard. Peu avant, Maurice, cadre supérieur dans un grand groupe, apprenait qu'il était « atteint d'une grave maladie », comme on le dit pudiquement. Dire, ou ne pas dire ? Il a tranché par la négative. Ne pas dire pour ne pas risquer de freiner sa carrière.

Faut-il donc être Steve pour dire et garder son job ? Un dirigeant trop précieux et irremplaçable, mais qui doit informer la société, ses actionnaires, sous peine de délit ? À l'instar d'un chef d'État, qui se doit d'être transparent quant à sa santé ?

On se souvient aussi d'une photographie de Paul Allen, cofondateur de Microsoft avec Bill Gates, dans un grand magazine américain. Il était atteint de la maladie de Hodgkin. La légende de la photo l'indiquait clairement. Pas de mystère. Respect plutôt. Faut-il être américain, plutôt que français, pour que cette attitude soit jugée courageuse, et non dangereuse ou risquée pour l'entreprise ?

Dire, conseillent les psychologues. Pour augmenter les chances de guérison. Pour qu'un coup de fatigue ne soit pas interprété comme un coup de paresse. Mais que la présence à son poste soit au contraire valorisée, comme une preuve d'attachement. Ne pas dire, répond l'intéressé, pour ne pas en pâtir professionnellement ; pour se préserver un espace où il n'est pas perçu comme malade, et peut, quelques heures par jour, tenter d'oublier.

Plus du tiers des salariés ayant repris leur travail après un cancer, interrogés deux ans après le diagnostic, estiment avoir été pénalisés, selon une étude de la Direction de la recherche des études, de l'évaluation et des statistiques (Drees)[9]. Deux tiers ne l'ont donc pas été, diront les optimistes !

« Quand l'arrêt de travail émane de l'Institut Curie, hôpital parisien spécialisé en oncologie, c'est un faux problème de vouloir cacher sa maladie. Les bruits de couloir vont très vite », remarque Solange de Nazelle, assistante sociale, responsable du service social de cette institution spécialisée. Son conseil : la consulter, elle ou ses semblables.

Car tout dépend de la situation, du secteur d'activité, du caractère compréhensif du supérieur, mais aussi du comportement de l'intéressé avant, quand tout allait bien. Les sérieux, consciencieux, conciliants, ont peu de souci à se faire quant à leur situation professionnelle, affirme-t-elle. Et les collègues ? Ils sont compréhensifs à 94 %, selon la Drees ! À l'entreprise, qui se veut désormais irréprochable au plan social et sociétal, d'en faire autant ! Cela va sans dire.

Les bonnes manières de dire, de faire, et d'être...

MENACER SANS HURLER
EST UNE ARME EFFICACE

Votre patron vous excède. Ses reproches sont incessants. Votre collaborateur, certes compétent, vous irrite, avec ses absences répétées aux réunions hebdomadaires. Ce client impatient oublie que le temps passe quand il s'agit de régler ses factures. La tension monte. Vous allez perdre votre sang-froid.

Surtout pas ! Certes, des psychologues pourront dire que la colère est un exutoire salutaire. Des collègues vous féliciteront, ravis de voir leur alter ego s'emballer à leur place dans des gesticulations et des vociférations libératrices, sans en supporter les dégâts collatéraux : mesures de rétorsion de l'interlocuteur voué aux gémonies, ou réputation entachée de ridicule.

Il existe bien des études qui prouvent que la colère permet d'obtenir davantage de concessions lors d'une négociation. Mais les gains sont alors souvent de court terme. Les bouffées de colère laissent des traces.

La menace, en revanche, serait une arme plus efficace. Il en serait des négociations en entreprise comme des négociations entre États. Mieux vaut utiliser la force de dissuasion que déployer l'arme nucléaire. Deux chercheurs en comportement organisationnel, Margaret Neale, de la Stanford Graduate School of Business (États-Unis), et Marwan Sinaceur, de l'Insead, en apportent la preuve [10].

On savait déjà que menacer de quitter la table de négociation est un moyen puissant d'arriver à ses fins. Mme Neale et M. Sinaceur avaient aussi démontré, dans une autre étude, que plus on en vient tardivement à cette extrémité, plus la manœuvre est efficace.

Mais la menace étant parfois proférée sur un ton colérique, les chercheurs s'interrogeaient : était-ce la menace ou la colère qui permettait d'emporter le morceau ? Ils ont réuni des candidats à une expérience sur le sujet. Ils leur ont expliqué qu'ils allaient observer leurs réactions lors de négociations menées entre eux, mais dans des pièces différentes, par l'intermédiaire d'un ordinateur. En fait, les cobayes dialoguaient tous, sans le savoir, avec la machine, dont les réponses et réactions avaient été formulées pour exprimer soit de la colère, soit une menace.

L'expérience a confirmé que la menace, surtout tardive, est plus efficace que la colère. Les négociateurs à sang-froid ont en outre été jugés plus sympathiques, plus équilibrés et plus crédibles.

La colère est mauvaise conseillère. Il fallait le prouver. C'est fait !

Les bonnes manières de dire, de faire, et d'être...

LE TRAC DÉMYSTIFIÉ

Le stress a ses raisons que la raison devrait connaître. Avoir les mains moites, le cœur battant, les jambes flageolantes avant de prendre la parole en public est tellement désagréable que nombreux sont ceux qui contournent l'obstacle. Toutes les raisons sont alors bonnes pour se défausser, au risque d'en pâtir professionnellement.

Quelques parades existent. Un petit ballon de rouge juste avant l'événement redouté a ses mérites, si l'on sait ne pas dépasser la dose optimale. Quelques respirations profondes et autres techniques de relaxation nécessitent un certain savoir-faire, et sont parfois inopérantes. Reste le recours à une formation, coûteuse et qui ne marche pas à tous les coups.

Jeremy Jamieson, professeur de psychologie à l'université de Rochester (États-Unis), a trouvé une méthode [11] qui semble remarquablement efficace. Avant d'affronter une situation stressante, il suffit de savoir que les symptômes du trac sont non seulement naturels, mais même bénéfiques. Ils aident à mieux se comporter face au public, à développer des arguments plus affûtés.

Cette affirmation ne relève pas de la méthode Coué – laquelle a ses mérites – mais est scientifiquement fondée, affirme l'universitaire. « Ces impressions [de mains moites et autres] signifient simplement que notre corps se prépare à une situation exigeante physiquement et intellectuellement. Nos principaux muscles et notre cerveau pompent plus de sang pour mieux s'oxygéner », explique M. Jamieson. Le savoir est extrêmement rassurant, prouve-t-il en deux étapes.

Sa première expérience avait pour objectif de tester si les personnes qui disaient ressentir les symptômes du trac voyaient effectivement leur cœur s'accélérer plus que les autres. Il a ainsi mesuré trois paramètres du rythme cardiaque de soixante-douze participants des deux sexes et d'âges différents. Les réactions physiques se sont avérées être les mêmes pour tous. La seule différence est que les anxieux les perçoivent davantage que les autres et s'en inquiètent, ce qui ne fait qu'accroître leur malaise. Alors que les autres n'y prêtent pas attention.

La deuxième expérience a rassemblé un groupe de soixante-neuf personnes, dont une bonne trentaine d'anxieux chroniques. Chacun a dû répondre aux questions d'un jury particulièrement coriace et revêche – situation stressante par excellence. La moitié environ du groupe avait auparavant été informée de l'utilité des symptômes du stress ; l'autre pas. Les personnes avisées, qu'elles soient cataloguées anxieuses ou pas, ont passé l'épreuve en se sentant nettement moins stressées que les autres.

Le « connais-toi toi-même » doit se comprendre trac inclus.

NE BOUGEZ PLUS !
L'AUDACE NE PAYE PAS

Il y a quelques décennies, faire carrière était un concept simple. Il se disait de quelqu'un qui avait vécu l'essentiel, voire la totalité de sa vie professionnelle dans une même entreprise, progressé dans la hiérarchie, et vu ses émoluments grimper raisonnablement mais régulièrement.

Quand la mobilité devient la règle, en revanche, qu'elle soit voulue ou subie, nationale ou internationale, dans un secteur, puis dans un autre, que la route professionnelle peut être interrompue, la carrière n'est plus linéaire. Et le concept de réussite qui lui est attaché est une notion relative… mais cependant essentielle.

Elle fera qu'un salarié, un cadre, un employé ou dirigeant, un indépendant, un entrepreneur, sera ou non motivé, et donc créatif, productif, cordial. Il sera heureux, satisfait de lui-même, apportera davantage à l'entreprise qui l'emploie, ou à celle qu'il détient, enclenchant un cercle vertueux.

Mais quand les critères classiques – galons et salaires – deviennent aléatoires, voire obsolètes, il faut en trouver d'autres, et de valeur aux yeux des intéressés et de ceux qu'ils côtoient, collègues, famille, amis, voisins.

Nicky Dries, Roland Pepermans et Olivier Carlier, trois chercheurs en psychologie du travail de la Vrije Universiteit (Université libre de langue néerlandaise) de Bruxelles, classent ces facteurs en quatre catégories [12] : deux recensent les critères objectifs, performances, salaires, carrières, certes, mais aussi accès à la formation, conditions de travail, équilibre vie privée-vie professionnelle ; deux autres, les critères subjectifs, comme le sentiment de réussite que procure la sensation d'être utile à la société.

Hélas, ceux qui espéraient compenser en gagnant sur certains critères, comme l'équilibre de vie, par exemple, ce qu'ils perdent sur d'autres, seront déçus. Car ce sont les mêmes qui cumulent les gains, selon une enquête menée auprès de huit cents cadres par Jean Pralong, professeur à la Rouen Business School [13]. Ces chanceux sont ceux qui ont suivi un parcours traditionnel, et sont restés fidèles à leur employeur.

Les entreprises ne récompensent guère les audacieux qui ont multiplié les expériences par choix ou obligation.

Céder aux sirènes d'un chasseur de têtes ne serait donc bénéfique qu'à court terme. « On peut bouger en début de carrière, les dix premières années. Mais ensuite, il faut faire preuve de loyauté, quitte à accepter des postes moins attirants », conseille M. Pralong. Comme avant.

QUESTION DE PHYSIQUE

Il est classique de dire que la taille d'un individu et sa beauté sont des atouts pour faire carrière. Une collègue talentueuse, mesurant 1,75 mètre – ce qui est beaucoup pour une femme –, affirme ainsi, exemples à l'appui, que pour monter dans la hiérarchie, une condition quasi nécessaire, mais certes pas suffisante, est d'être grande. Peut-être veut-elle ainsi justifier de sa performance professionnelle. Sa modestie l'honore.

De fait, Malcolm Gladwell, journaliste anglo-canadien, et auteur de nombreux livres à succès, a calculé que 58 % des PDG américains mesurent plus de 1,80 mètre, alors que ce n'est le cas que de 14,5 % des Américains en moyenne [14]. Deux chercheurs, Timothy Judge, professeur de gestion à l'université de Notre-Dame (Indiana), et Daniel Cable, professeur à l'université de

Caroline du Nord, enfoncent le clou[15] : en moyenne, une personne qui mesure 30 centimètres de plus qu'une autre, du même sexe, gagne environ 600 euros de plus par an !

Serait-ce parce que les grands ont davantage confiance en eux ? Ou parce qu'ils inspirent le respect ? La question reste ouverte. Mais que les petits se rassurent : aucune corrélation n'existe entre la taille et l'intelligence, ont aussi tenu à vérifier les chercheurs, pour parer à toute objection !

Si talons et talonnettes sont donc des artifices avec lesquels on gagne à coup sûr, il n'en serait pas de même pour d'autres, ceux destinés à flatter l'esthétique des femmes, en particulier.

Deux chercheurs israéliens, Bradley Ruffle, de l'université Ben-Gourion, et Ze'ev Shtudiner, de l'université d'Ariel, ont envoyé 5 312 curriculum vitae en réponse à 2 656 offres d'emploi. Deux CV identiques par annonce. L'un avec une photo, l'autre sans[16].

Conclusion : les hommes jugés « beaux » – par un autre panel – ont reçu davantage de propositions d'entretien quand leur photo figurait sur le CV ; et deux fois plus que ceux qui avaient joint leur photo, mais étaient d'un physique banal. Le contraire a prévalu pour les femmes. Les CV sans photo ont obtenu 22 % de réponses positives de plus que ceux avec clichés de femmes moyennement belles, et 30 % de plus que ceux de femmes jugées vraiment jolies.

« Jalousie des chargées de recrutement », concluent les auteurs de l'étude. À moins que le simple fait de joindre une photo ne soit perçu négativement, quand il s'agit d'une femme, avancent-ils.

Avant de faire tomber tous ces stéréotypes – ce n'est pas demain la veille –, mieux vaut donc ne pas envoyer de CV avec photo, quand on est une femme, et que cette condition n'est pas exigée. Et aux messieurs de juger, en toute objectivité, s'ils s'estiment, ou non, être physiquement au-dessus du lot, avant de s'afficher.

LES SIGNES DE LA MAIN

Pour bien négocier, il faut souvent avancer masqué. Non pas cacher son identité, mais savoir dissimuler ses sentiments. Se camoufler derrière un visage neutre, le moins expressif possible. Pour qu'émotions, sentiments, coups de bluff soient indécelables. Les joueurs de poker le savent de longue date.

Mais en pensant cacher leur « main », les cartes de leur jeu, les joueurs exposent leurs mains, les vraies, qui les trahissent.

Les râleurs sont les meilleurs

Michael Slepian, chercheur en psychologie à l'université Stanford (États-Unis), vient d'en faire la démonstration [17]. Dans un article de la revue spécialisée américaine *Psychological Science*, il prouve que les mains en disent beaucoup sur les sentiments, la psychologie, la fiabilité de la personne. Et beaucoup plus que le visage, lorsqu'il s'agit de joueurs de poker.

Michael Slepian et ses collègues ont mené trois expériences différentes avant d'arriver à cette conclusion. Ils ont sélectionné vingt brèves séquences de parties de poker professionnelles jouées dans le cadre de tournois mondiaux, puis les ont produites en vidéo, chacune dans trois versions différentes. La première montrait l'ensemble du corps et la tête du joueur ; la deuxième, les visages uniquement ; et la troisième, seulement les bras et les mains. Soixante-dix-huit étudiants ont évalué la qualité de jeu des joueurs en fonction de ce qu'ils voyaient de l'individu. Il est apparu que les mains des joueurs étaient le meilleur indicateur. Une deuxième expérience a confirmé ces observations.

Une troisième a permis d'établir une corrélation entre la fluidité de mouvement des mains et la confiance que la personne inspire, confirmant ainsi que des mouvements hachés trahissent un état anxieux. Et de conclure que les mains sont un bon révélateur. Quand elles bougent de façon

Les bonnes manières de dire, de faire, et d'être...

brusque ou que leur mouvement est imprécis, il est fort probable qu'elles soient animées par une conscience peu tranquille.

Ce qui vaut pour ce jeu de cartes est aussi vrai dans la vie professionnelle. Certains jouent franc jeu, certes. Mais ils ne sont pas légion.

Or les jeux de poker ne sont pas que de cartes. Toute négociation est hasardeuse. Mettre ses mains dans les poches est de fort mauvais goût ; sous la table, est pire ! Reste à les contrôler, à bannir tout tremblement ; s'exercer aux mouvements réguliers, sans à-coups, harmonieux. Une idée pour les vacances !

LES CONSEILS DU PARRAIN

Les dirigeants pourraient avantageusement s'inspirer du héros du film de Francis Ford Coppola, *Le Parrain*, conseille le Boston Consulting Group (BCG). Ce cabinet réputé de conseil en stratégie ne craint pas de ruiner sa respectabilité en prônant les combines du gangster sicilien mondialement réputé [18].

De fait, le BCG ne joue pas les pousse-au-crime. « S'échanger des services est plus rentable que de les monnayer. Réfléchissez deux fois plutôt qu'une avant de renoncer à la possibilité de rendre service à quelqu'un », préconisent simplement les experts.

« Chaque fois que cela est possible, Corleone négocie des faveurs plutôt que du cash, entretenant la loyauté individuelle, ce qui a bien plus de valeur que l'argent. Et comme il est régulièrement le premier à rendre service, il conserve toujours l'avantage, chacun lui est redevable. Il peut s'attirer les faveurs de quelqu'un sans risquer de devoir les rendre un jour. »

Imaginons qu'il en soit ainsi de nos jours. Les employés consciencieux n'auraient pas besoin de travailler tard le soir, de répondre aux mails à toute heure. Au risque de s'aigrir face au manque de reconnaissance de dirigeants qui semblent considérer que le dévouement à l'entreprise va de soi.

Car ceux-ci auraient à cœur de tout mettre en œuvre pour éviter d'exiger des efforts indus. Ils s'interdiraient les courriels impulsifs à 8 heures du soir et les réunions tardives. Ne serait-ce que pour rester créditeurs de bons et loyaux services. Afin que, le jour venu, lorsque le besoin s'en ferait vraiment sentir, ils n'aient pas de mal à convaincre leurs troupes de fournir un effort exceptionnel.

Ils cesseraient de s'insurger contre le soi-disant manque de conscience professionnelle de ceux qu'ils accusent de ne pas s'investir suffisamment

Les bonnes manières de dire, de faire, et d'être...

dans leur travail. Alors que ces dirigeants ne tiennent pas compte d'« extras », essentiels à la bonne marche de l'entreprise, comme de prendre du temps pour donner un coup de main à un collègue en difficulté. Ils arrêteraient de maugréer contre ces générations Y dont le souhait de mieux équilibrer vie professionnelle et vie privée commence à faire tache d'huile.

La règle « sacrée » serait alors respectée. Celle qui consiste à ne pas déshonorer sa famille. « Et qui, en langage managérial, signifie qu'il faut être loyal envers ceux qui vous rémunèrent. Que leurs intérêts sont aussi les vôtres. » Et réciproquement.

Assumons nos erreurs !

Terrifiantes, ces personnes qui ne reconnaissent pas leurs erreurs et qui sont toujours prêtes à développer un argumentaire pour refaire l'histoire. Refuser d'admettre avoir communiqué un prix erroné à un client ; ou affirmer vous avoir informé de la tenue d'une réunion… alors qu'il n'en est rien.

Face à ce type d'individu, on baisse les bras ; ou on élève la voix. On crie au mensonge, à la mauvaise foi. Une attitude que l'on sait pourtant inefficace, voire contre-productive, mais qu'il est fort difficile de réprimer.

Sauf, peut-être, si l'on connaît l'envers du décor. À savoir que ces personnes malhonnêtes ou de mauvaise foi sont des êtres mal dans leur peau. Ils nient l'évidence, non par excès de confiance en eux, mais, bien au contraire, du fait de son manque.

Lisa Legault, chercheuse en psychologie à l'université Clarkson (États-Unis), en a fait la démonstration avec son équipe [19]. Son article « Préserver son intégrité quand nos performances sont menacées : l'affirmation de soi accroît la réponse neurophysiologique aux erreurs » était publié dans le numéro de février 2013 de la revue *Psychological Science*.

Elle appuie sa démonstration sur la théorie de « l'affirmation de soi », bien connue aux États-Unis, où les psychothérapeutes adeptes des thérapies cognitivo-comportementales (TCC) ont pignon sur rue. « L'affirmation de soi, ou l'estime de soi inconditionnelle, est un trait de caractère qui permet de ne pas être déstabilisé face à la moindre critique », explique Frédéric Fanget, psychiatre, spécialiste des TCC [20].

Les chercheurs américains ont mené une première expérience qui consistait à déstabiliser la moitié d'un groupe de participants. Puis ils leur

Les bonnes manières de dire, de faire, et d'être...

ont fait faire un test. Quand ils se trompaient, « Faux », criait le système, pour effrayer les cobayes encore davantage. Simultanément, les chercheurs ont enregistré, à l'aide d'un électro-encéphalographe, l'onde spécifique qu'émet le cerveau quand une personne fait une erreur et en a conscience.

Il est apparu que la moitié des participants dont la confiance avait été minée dans un premier temps émettait moins de signaux indiquant qu'ils admettaient s'être trompés que les autres, réduisant d'autant leurs chances de s'améliorer.

Savoir assumer ses erreurs est une force.

Chapitre 4

AVOIR DES AMIS MAIS DES BONS

En amitié comme ailleurs, quantité ne rime ni avec qualité ni avec efficacité. Les réseaux sociaux et leurs cohortes de followers auraient tendance à le faire oublier. Certes la maîtrise de ces nouveaux outils est essentielle. Pour trouver un emploi ou en changer. Mieux appréhender les tendances, les évolutions du monde qui nous entoure de près ou de loin. Mais, comme l'alcool, en abuser est nuisible.

Des sociologues ont quantifié le phénomène. Pour aider chacun à trouver son optimum relationnel. Et ainsi ne pas s'épuiser, voire se laisser aveugler. Et ne plus être à même d'exercer son sens politique, un concept, qui, lui, n'a en revanche pas bonne presse, mais s'avère pourtant essentiel dans la vie active. Pour progresser. Mais aussi joindre l'utile à l'agréable. Distinguer vrais et faux amis. Pour ne pas rater les occasions de relations festives et durables qui sont aussi le sel de la vie professionnelle.

Amitiés optimales

L'émergence des réseaux sociaux virtuels, tels Facebook, LinkedIn, Viadeo ou Twitter, a tendance à imposer l'idée que le nombre de ses amis, contacts, « followers », est un gage de qualité personnelle. Un « sans amis » est moqué dans les cours de récré et dédaigné aux abords de la machine à café.

Le sociologue américain Mark Granovetter, professeur à l'université Stanford, y est pour quelque chose. Son article sur « La force des liens faibles », publié en 1973 dans l'*American Journal of Sociology*[1], et son livre *Trouver un emploi* (1974)[2], ont popularisé l'idée que mieux valait avoir de nombreuses relations superficielles que peu de vrais et bons amis, pour trouver du travail, réussir sa vie professionnelle.

Plus on passe du temps avec quelqu'un, dans une relation empathique et confiante, émaillée de nombreux échanges de service, plus le lien avec cette personne est fort, selon la définition de M. Granovetter. Mais moins cette relation est d'une quelconque utilité dans la vie professionnelle, estime-t-il.

Car cette grande proximité a, par définition, moins de chances d'offrir à l'ami des ouvertures vers de nouvelles sphères professionnelles, de nouveaux réseaux.

Cette idée vient d'être battue en brèche. « Le nombre optimal d'amis dépend des conditions socio-économiques », relativisent deux chercheurs, Shigehiro Oishi, professeur associé au département de psychologie de l'université de Virginie (États-Unis), et Selin Kesebir, professeur de psychosociologie des organisations à la London Business School [3].

Dans un article sur les stratégies optimales de réseautage, publié en novembre 2012 dans la revue *Psychological Science*, ils affirment, expériences à l'appui, que tout dépend de la mobilité des acteurs, de leur niveau socio-économique, et également de la situation macroéconomique.

Dans un contexte de crise, comme actuellement, le principe de Mark Granovetter n'est plus valide. « Les chances d'obtenir de l'aide sont alors supérieures si l'on a peu de relations, mais que celles-ci sont intenses », affirment les chercheurs.

« Davantage de personnes ont alors besoin d'être sérieusement aidées, souvent, et tant au plan pratique que matériel ; ce qui nécessite énormément de temps et de moyens », relèvent froidement les auteurs de cette étude.

La déperdition d'énergie pour aider ses multiples « pseudo-amis » en difficulté n'est alors pas compensée par ce que l'on retire du réseau, ont-ils vérifié tant par des calculs théoriques qu'expérimentaux. Sauf si l'on est très mobile, ou très riche. Ou, encore mieux, les deux à la fois.

LA COUR ET SES MIRAGES

L'heure est plus que jamais aux relations. Le carnet d'adresses a cédé le pas aux réseaux sociaux. Mais le principe reste le même. Il suppose que, pour gravir les marches du pouvoir, il faut cultiver ses réseaux. Et particulièrement son réseau interne, constitué de ses propres collègues. Autrement dit, son fan-club, sa cour.

Mais une fois l'objectif atteint, quand le chef en puissance a obtenu la place et le titre tant convoités, la cour peut alors devenir son pire ennemi.

L'une des raisons est bien connue. Ceux qui entourent le puissant, du manager au PDG, n'osent le critiquer quitte à lui cacher la réalité des situations. Ils le laissent se fourvoyer. Certes, ses bévues ne sont que rarement sanctionnées. Sauf quand elles sont dévastatrices, et contribuent à instaurer dans l'entreprise un climat trop délétère, par exemple.

Mais, le plus souvent, le pouvoir concède encore plus de pouvoir à celui qui le détient. « Les puissants possèdent une multitude d'avantages matériels, politiques, psychologiques, qui les aident à rester en place », rappellent Sébastien Brion, chercheur à l'IESE, business school de l'université de Navarre (Espagne), et Cameron Anderson, de l'université de Californie à Berkeley[4].

Ces derniers viennent en revanche de révéler un autre phénomène de cour qui peut conduire un dirigeant à sa perte. Il survient quand le hiérarque surestime la puissance des liens qu'il a pu tisser avec ses pseudo-amis.

Le risque n'est pas alors de voir ces derniers se retourner contre lui, devenir fourbes. Tel n'est pas leur caractère.

Mais la situation devient critique quand le dirigeant, trop sûr de lui, ne cultive plus assez son réseau. Ce qui arriverait d'autant plus souvent qu'il se rapproche du sommet. Ses « alliances » deviennent « illusoires ». Il ne s'appuie plus que sur du sable alors qu'il pensait détenir des soutiens en béton. Pire, il lui devient plus difficile de trouver des alliés, d'obtenir des ressources pour accomplir sa mission. Ce qui finit par nuire à son équipe, et enclenche un cercle vicieux.

Se constituer une cour est une action de long terme. Elle nécessite de déployer une part non négligeable de son énergie tout au long de sa carrière, pour l'entretenir, savoir déjouer les faux-semblants de son entourage. Mieux vaut trouver d'autres moyens d'arriver à ses fins.

SENS POLITIQUE

Près de deux Français sur trois ne s'intéressent plus aux campagnes présidentielles [5].

Pourtant, en observer la forme, à défaut du fond, peut être fort utile pour se former à ce fameux « sens politique », nécessaire en entreprise.

Il faut en effet attendre d'être dans la vie active pour réaliser que ce savoir est essentiel. Il n'est pas enseigné dans les cursus classiques. Il y serait même plutôt vilipendé, considéré comme impur, bien que nettement plus important, en entreprise, que la résolution des équations différentielles, pour les scientifiques, ou la liste des chefs-lieux de cantons pour les littéraires.

Plutôt que de grever encore un peu plus le budget du ministère de l'Éducation nationale, et risquer d'alourdir les horaires d'enseignement, profitons donc de cette formation sur le tas.

On entend déjà les critiques. Ce sens politique n'est-il pas un savoir égoïste, un ensemble de manipulations destinées à promouvoir sa carrière personnelle ? Cet art diabolique n'a donc pas à être enseigné ni imité.

Pure hypocrisie. Qui ne peut que ruiner le moral de ceux qui n'ont pas cette science innée.

Les trop bons élèves, qui estiment que la connaissance, la logique cartésienne, l'effort, l'acharnement au travail sont tout. Et qui ne pourront que s'exclamer « c'est pas juste ! » quand une promotion leur aura filé sous le nez. Alors qu'ils n'auront pas su faire passer leur message, se faire comprendre de leurs interlocuteurs, eux-mêmes lestés de leurs propres préoccupations et perspectives.

Leur désarroi sera grand ; mais l'entreprise a aussi beaucoup à perdre de cette insuffisance relationnelle. Raison pour laquelle les coachs d'entreprises sont actuellement si recherchés.

« En cette période tendue, il est important de comprendre comment se prennent les décisions, quelles sont les personnes influentes, comment faire pour que ce que je dis ou fais soit pris en compte », explique Valérie Rocoplan, PDG de Talentis, une entreprise de coaching et de management. « Parce que nous ne sommes pas des machines à produire. Que la compréhension des humeurs, des émotions, l'envie d'entrer en relation rendent plus efficace. »

Le sens politique est en fait si complexe qu'il faut tout faire pour le maîtriser et sûrement pas le mépriser.

DE L'ART DE « RÉSEAUTER »

L'habitude se prend dès l'école primaire. Le jour de la rentrée des classes, lors des retrouvailles. Le regard se pose à la fois sur son interlocuteur, ce qui est la moindre des politesses, mais aussi sur la foule environnante. Pour ne rien louper. Déceler qui arrive, qui est là.

Quelques dizaines d'années plus tard, le décor change, mais la pratique reste la même. Dans les salons de clubs ou d'hôtels. Lors des réunions d'anciens élèves ou collègues, des colloques professionnels, des rencontres de parents d'élèves ou de son club de sport. Car il faut savoir réseauter. Et pas seulement virtuellement sur LinkedIn, Viadeo, Facebook ou autres réseaux sociaux.

Les lieux de rencontre virtuels ne remplacent guère les vieilles pratiques de réseautage. Qu'elles s'affichent comme telles ou pas.

Les joueurs de golf ou de tennis le savent depuis longtemps. On y joue par plaisir. On y discute aussi, et pas seulement de sa volée de revers. Les clubs de dégustation pour œnophiles sont aussi un excellent moyen de joindre l'utile à l'agréable.

Réseauter est une obligation. « On a 90 % de chances de trouver un job grâce à ses réseaux, surtout pour les plus de quarante-cinq ans », affirme Marie-Catherine Beltran, fondatrice et dirigeante de Transition Carrières, cabinet de conseil en ressources humaines. Réseauter est de rigueur « pour accumuler du capital social », comme le formule le sociologue Michel Ferrary. La pratique doit être « changeante et déterminée par les stratégies intentionnelles de ses agents ». Un peu d'éclectisme, donc, mais pas trop. Suffisamment pour ne pas apparaître aux abois, collant. « Plus un individu est désocialisé et plus il est rationnel pour lui d'avoir un comportement utilitariste », dit le sociologue. Ce qui n'est pas le meilleur moyen d'attirer la sympathie. Surtout ne pas se précipiter dans un réseau, tendre sa carte de visite, quand on vient de perdre son emploi, ou que les clients se font de plus en plus rares. Il est trop tard.

Le réseau sert à créer une relation de confiance. Mieux vaut donc être attirant pour la bâtir, et avoir quelque chose à proposer. Le contre-don, cher au sociologue Marcel Mauss [6], s'offrira plus facilement le moment venu.

Être un minimum authentique aussi. Le caméléon qui change de personnalité et de centres d'intérêt au gré de ses rencontres suscite le rejet, relatent le professeur Rob Cross et le consultant Robert Thomas dans la *Harvard Business Review* [7].

Verre à la main, ou pas, le réseau c'est du boulot.

BISE DE NOËL

« Ah non, désolé, dimanche, je ne peux pas te rejoindre au ciné. C'est le Noël de ma boîte. »

La voix est terne. La tradition est là, mais le cœur n'y est pas. La crise n'a rien à voir à l'affaire. La conjoncture économique n'aurait que peu d'influence sur ces moments festifs que sont les fêtes de fin d'année. Bien que le budget d'un tel événement varie entre 75 et 150 euros par personne, selon les experts. Les entreprises qui avaient fait appel à l'agence événementielle Azefir en 2010 pour organiser leurs fêtes de fin d'année avaient ainsi toutes renouvelé leur contrat en 2011, selon Ari Bentolila, le directeur de cette entreprise, qui affirmait alors ne ressentir aucun effet de la crise.

Conclusion : ou les entreprises n'allaient pas si mal que ça ; ou elles incitent à boire pour oublier ; ou encore, comme prétendent celles qui ne renonceraient sous aucun prétexte à la tradition, la fête soude les équipes, donne du baume au cœur de chacun, et donc booste la productivité.

Et pourtant : une étude réalisée en 2009 par Monster, le site d'offres d'emploi en ligne, indique que les deux tiers des salariés européens dont les entreprises organisent des fêtes de Noël préféreraient passer ce temps en famille ou avec des amis. Et toucher un bonus à la place.

« Mais non ! Les gens adorent ça », rétorque ce directeur général d'entreprise. Il s'apprête, une nouvelle fois cette année, à monter sur l'estrade, pour renouveler ses vœux aux salariés, saluer chacun, conjoint compris. « C'est agaçant, mais indispensable », estime-t-il. Qui dit vrai ? Qui dit faux ? Ou bien chacun y va par devoir ; ou c'est un plaisir inavouable.

Ce ne sont pas les Irlandais qui diront le contraire. Plus de la moitié d'entre eux ont profité au moins une fois de la fête de Noël de leur entreprise pour embrasser un ou une collègue de bureau, selon une autre enquête, également signée Monster, en 2003. Il existe décidément des études sur tout.

Les Britanniques, si réservés, briseraient aussi facilement la glace sous le gui. En revanche, il n'en est pas question pour la plupart des Allemands, des Belges et des Hollandais. On imagine que la question n'avait sans doute aucun sens pour les Français, non cités dans l'étude.

Mais attention, car la bise est aussi un vent de Nord à Nord-Est, sec et froid, dit le dictionnaire.

Entre piste de danse et buffet, notre DG agacé complète le portrait psychologique de ses salariés. Il se régale du spectacle de la salle. « Tiens, celui-là, avec sa grande gueule, il file doux en famille. Étonnant ! », constate-t-il à l'ombre du sapin. « Ses enfants sont vraiment gueulards et ch… » Mauvais point !

LE CŒUR À L'OUVRAGE

La règle se transmet de génération en génération. « Jamais dans la paroisse », dit-on. Pour signifier qu'avoir des relations sexuelles au boulot est source d'ennuis tant professionnels que privés et qu'il faut donc tout faire pour éviter de mélanger les genres : travail et sentiment, s'entend. Avoir du cœur à l'ouvrage, l'amour du travail, c'est bien. En revanche, l'amour au travail, pas question.

Mais, on le sait aussi, la règle est faite pour être transgressée, surtout dans ce domaine. Les romances, réelles ou supposées, entre voisins et voisines de bureau ne sont-elles pas les rumeurs de couloir les plus excitantes ?

D'autant que ces histoires sont souvent fondées. Près d'une personne sur quatre, 24,2 % très exactement, avoue « avoir eu des relations amoureuses au travail »[8].

La tranche des 41-50 ans en est la plus friande (27,5 %). Et les personnes les mieux rémunérées, qui perçoivent plus de 3 000 euros mensuels, selon le découpage de cette enquête, sont les plus fervents pratiquants de la bagatelle intra-muros.

Les grincheux diront que ce n'est pas étonnant, qu'un bon salaire est un outil et une preuve de pouvoir. Ils verront dans ces résultats harcèlement ou relation intéressée. Les galons laissant miroiter d'autres attraits, comme la perspective d'une éventuelle « promotion canapé », argument dont les misogynes raffolent pour justifier de la carrière des femmes.

Explications douteuses, car la judiciarisation de ces comportements en accroît le risque et donc l'opportunité.

Avoir des amis mais des bons

Les optimistes opteront pour la version conte de fées. D'autant que la majorité, 55,1 %, des Français sont « contents d'aller travailler le matin ». Les « relations amoureuses » au bureau participent peut-être de ce sentiment de satisfaction.

Certes, il n'est pas le seul ! Près de la moitié (46,3 %) dit ne jamais s'ennuyer en travaillant. Un score d'autant plus appréciable qu'ils sont aussi un sur deux à penser que la principale qualité d'un travail idéal est qu'il permette de « continuer à apprendre ».

Le profil dominant serait donc celui d'un être intellectuellement et émotionnellement satisfait. Dans la morosité ambiante, la surprise est de taille. Réjouissons-nous !

Chapitre 5

MANGER, TRAÎNER, RÊVER

Il est toujours souhaitable de joindre l'utile à l'agréable. Quand les plaisirs renforcent la productivité, il ne faut surtout pas s'en priver ! Or cette situation n'est pas exceptionnelle. Un bon repas – sans abus d'aucune sorte, certes – avive l'esprit des convives, affine leurs raisonnements. Sans parler des gains et bienfaits multiples de la convivialité.

À l'inverse, les stakhanovistes du boulot, toujours présents à la première heure et qui se targuent d'être toujours là pour la fermeture, sont moins efficaces que ceux qui savent alterner travail et loisirs, rêver, laisser leur esprit vagabonder, voire prendre le temps de s'ennuyer !

Les râleurs sont les meilleurs

Ces derniers s'avèrent non seulement plus créatifs, mais aussi plus honnêtes intellectuellement. Tant il est nécessaire de réfléchir avant d'agir.

LE PROFIT VIENT EN MANGEANT

Les Français sont souvent moqués pour l'importance qu'ils accordent au déjeuner. Prendre place autour d'une table, dans un lieu calme et agréable, est jugé indispensable à toute négociation. Pour préciser les termes d'un contrat ou trouver un bon compromis.

Une récente étude menée par Lakshmi Balachandra, professeur d'entrepreneuriat à la Babson University (États-Unis), et publiée sur le site de la *Harvard Business Review*, prouve qu'ils ont bien raison [1]. Le profit viendrait en mangeant ! Ou, plus précisément, une négociation menée à table s'avère bien plus fructueuse qu'une discussion conduite dans le cadre plus formel et austère d'une salle de réunion et de quelques bouteilles d'eau. Et ce, pour les deux parties. Gagnant, gagnant !

Pour en avoir le cœur net, Mme Balachandra a mené deux expériences. Une pour comparer les résultats de négociations menées entre deux entreprises au restaurant d'une part, et dans une salle de réunion d'autre part. Et une autre pour les comparer selon qu'elles étaient conduites dans une salle de travail avec plateau-repas, ou sans.

Les 132 participants sélectionnés pour ces deux simulations devaient trouver un terrain d'entente dans une situation précise. Une négociation parfaitement menée devait leur permettre de dégager une marge globale de 75 millions de dollars (58,4 millions d'euros), contre 38 millions pour un compromis très mal ficelé.

Il est apparu que ceux qui avaient négocié au restaurant étaient arrivés à un accord permettant globalement aux deux entreprises de dégager un profit supérieur de 12 % à ceux restés au bureau. Et ceux qui avaient disposé d'un plateau-repas arrivaient à un résultat de 11 % supérieur aux autres.

La convivialité, la bonne humeur qu'engendre un bon repas ne relâcheraient donc nullement la vigilance et la perspicacité des convives, lorsque l'on sait raison garder. En 2009, deux chercheurs en psychologie de l'université de Floride, Matthew Gailliot et Roy Baumeister, avaient d'ailleurs démontré l'importance du maintien d'un bon taux de glucose dans le sang pour mieux se contrôler, gérer son stress, se départir de toute agressivité [2].

Les repas d'affaires ne sont donc pas des dépenses superflues à sacrifier en temps de crise. Peut-être faudrait-il même doubler la dose !

À LA CANTINE

Il y a les fidèles et les autres. Les habitués de la cantine et ceux qui n'y mettront les pieds pour rien au monde. Parce qu'ils veulent « prendre l'air », disent-ils, au propre ou au figuré.

La cantine révèle les personnalités. On y approfondit sa connaissance des autres, mais aussi de soi-même. Ne jamais y aller, par principe, épingle celui qui préfère s'éloigner de la communauté de son lieu de travail. Par individualisme. Ou par fierté, quand il veut marquer sa différence.

En 1948, un article de la revue de la Business School de l'université Harvard (États-Unis) qualifiait les cantines de meilleur moyen de donner le moral aux employés[3]. Aujourd'hui encore, les entreprises de la Silicon Valley se battent pour avoir le label de meilleur restaurant d'entreprise, nous signale le sociologue Michel Ferrary. Rien de tel en France, à notre connaissance.

La cantine est un haut lieu de ragots en tous genres. Plus les interlocuteurs autour de la table sont divers, plus la mise à niveau est rapide. On peut y prêcher le faux pour savoir le vrai. Les petits jeux de la politique maison s'y trament ou s'y révèlent.

C'est aussi un lieu propice à une autocritique bénéfique : « La prise en compte d'un qu'en-dira-t-on intelligent est pour beaucoup d'entre nous une motivation plus forte à se remettre en cause, à améliorer sa prise de décision au travail et chez soi, que toutes les bonnes résolutions du Nouvel An », affirme Daniel Kahneman, Prix Nobel d'économie [4].

« Les cantines contribuent à la communication, formelle ou informelle, et aident à créer des liens entre personnes de différents services », résument Franklin Becker, William Sims et Johanna Schoss, trois chercheurs de l'université Cornell (États-Unis) [5].

On y découvre les talents ou les goûts de ses voisins de bureau. On y apprend les joies, mais aussi les souffrances des collègues.

Le fidèle a ses habitudes. Ses horaires sont fixes. Ses compagnons de table aussi. Malheureux celui qui voudra s'immiscer dans le groupe. Il ne sera pas le bienvenu.

Le curieux s'installe au hasard, là où la place est libre, au risque de déplaire. L'individualiste farouche se débrouille pour rester seul, plongé dans un journal, un livre ou l'écran de son smartphone.

La cantine est un réseau social à lui seul… avant que le télétravail ne lui trouve un substitut.

LES RAVAGES DU PRÉSENTÉISME

En entreprise, on ne fait plus l'appel comme à l'école. Les absences et les horaires laxistes sont néanmoins remarqués et négativement connotés. Quand ils ne sont pas pointés. À l'inverse, la présence est d'autant louée qu'elle dépasse les normes exigées.

Être à son poste à 20 heures est un signe d'abnégation, de forte implication dans son travail. Peu importe que la productivité de l'individu concerné n'ait pas été au top durant la journée. Qu'il soit un habitué des pots de service ou de la machine à café.

En France, en tout cas. Ailleurs, en Amérique du Nord, par exemple, la situation est tout autre. Un jeune ingénieur, fraîchement arrivé dans une entreprise du Nouveau Monde après quelques années laborieuses dans l'Hexagone, s'est ainsi fait tancer pour ne pas avoir posé gomme, crayon et clavier peu après ce qui serait ici considéré comme l'heure du goûter. « Êtes-vous malade ?

Avez-vous des difficultés ? » demanda-t-on à l'employé qui se pensait consciencieux.

Et pour cause. Le présentéisme, loin d'être souhaitable, ferait des ravages, a-t-on calculé outre-Atlantique. Qu'il soit le fait de personnes qui viennent travailler alors qu'elles feraient mieux de rester chez elles pour se soigner. Ou de salariés zélés qui demeurent au bureau plus que ce qui serait strictement nécessaire, parce que, pensent-ils, leur carrière l'exige.

Or un salarié trop présent ne rapporte en moyenne rien à l'entreprise, selon des études [6] menées par Ron Goetzel, chercheur à l'université Cornell (États-Unis). Au contraire, il lui coûte. Car il dégrade la productivité d'une équipe. Le salarié abusivement présent finit par pécher par manque de concentration, piètre communication, travail à refaire. « Les coûts liés au présentéisme représentent de 18 % à 60 % des coûts qu'un employeur doit supporter en raison des problèmes de santé de ses salariés », décrit M. Goetzel.

Alors, faut-il se réjouir que le taux d'absentéisme soit au plus bas comme le font régulièrement remarquer les cabinets spécialisés dans les études de coût [7] ? « L'absentéisme est un indicateur du climat social et un sujet déterminant dans l'évaluation de la bonne santé d'une organisation », commente Vincent Taupin, président de la société de conseil Alma Consulting.

Pas forcément, montrent les études précédentes. Particulièrement en période de crise, quand il est tentant de forcer sa nature. Par crainte de perdre son emploi. Quitte à mettre sa santé et sa société en danger.

NUAGE ET BROUILLARD

Le cloud computing, ou informatique en nuage, signifie que les programmes ou les données dont on a besoin pour faire son travail ne sont pas stockés dans son ordinateur, mais à distance, dans un ordinateur approprié. Ce concept de nuage fait rêver. Mais quand les nuages abondent, on se retrouve vite dans le brouillard. Et ce « data smog », cette purée de pois informationnelle[8] – du nom du livre de l'Américain David Shenk publié il y a près de quinze ans – est plus que jamais d'actualité.

On ne sait plus où donner de la tête, submergé par un déluge de mails, avec ou sans documents attachés, renvoyant à des sites Internet sur lesquels il est bien tentant de naviguer. On s'y risque. On répond à l'un, à l'autre. L'heure tourne. On est perdu.

Ce n'est sans doute pas la raison pour laquelle Thierry Breton, le PDG de la société de services informatiques Atos, ex-ministre des Finances, a décidé en 2011 d'interdire l'usage des mails dans l'entreprise. Puisqu'il propose un réseau social à la place.

Mais la purée de pois informationnelle perturbe tant qu'elle provoque abondance de publications sur ce qu'il faut faire ou ne pas faire pour retrouver son chemin, celui du boulot productif.

Ne pas céder à « la douce exubérance, ou la multiplication des mails superflus »[9], préconise Fernando Lagrana, chercheur à Grenoble école de management. Celui qui clique sur « Répondre à tous » doit absolument se demander si sa réponse « Merci Tartenpion » est utile aux cinquante destinataires du mail initial.

On aime aussi la notion du « Clique et fonce » consistant à envoyer un mail à son voisin de bureau, puis de foncer le voir pour une réponse immédiate.

En 2008, un ancien ministre canadien, Dick Fadden, avait interdit aux personnes de son service d'utiliser leur smartphone à des fins professionnelles de 7 heures du soir à 7 heures du matin, et pendant les week-ends, pour limiter le stress dû au travail.

Mails et autres tweets agissent comme une drogue, expliquent Derek Dean et Caroline Webb, deux consultants de McKinsey, dans le numéro de janvier de la revue de ce cabinet de conseil en stratégie [10]. Pour s'y retrouver, il faut non seulement réserver du temps pour se concentrer sur son travail, éliminer ce qui n'est pas important, mais aussi, et surtout, « oublier de travailler de temps en temps ». Car les meilleures idées viennent quand on fait tout autre chose : se détendre, marcher dans la nature. Non pas dans, mais au-dessus de la mer de nuages.

Prime au vagabondage

Inutile de se sentir coupable lorsqu'on a la sensation de perdre son temps à surfer sur Internet pendant les heures de bureau. Bien au contraire. Cette activité rendrait plus productif, selon Don Chen et Vivien Lim, deux professeurs de l'université nationale de Singapour [11] qui ont étudié l'« l'impact du vagabondage en ligne sur la concentration ».

Ils ont réparti des étudiants en trois groupes : un groupe dit « de contrôle », un groupe « repos » et un groupe « surfeurs ». Et ont demandé à tous de repérer tous les « e » d'un texte, pendant vingt minutes. Pendant les dix minutes suivantes, le groupe de contrôle a effectué une autre tâche ; le groupe « repos » a fait ce qu'il voulait, sauf surfer sur le Net ; et le troisième groupe a navigué en ligne, à loisir.

Puis il fut à nouveau demandé à tous, pendant les dix minutes suivantes, de reprendre leur tâche de recherche de « e ». Observation : les surfeurs se sont avérés nettement plus productifs et efficaces que les autres. « Surfer sur le Net permet de se reconstituer », concluent les auteurs.

En revanche, répondre à des e-mails personnels est très perturbant. « Cette tâche est beaucoup plus fatigante », indiquent-ils. Elle implique de lire tous les mails, ce qui réserve parfois des surprises désagréables et d'y répondre. Alors que les surfeurs naviguent par plaisir, choisissant les sites qui les intéressent.

Il y a dix ans, les mêmes auteurs avaient, au contraire, alerté sur les dangers du Net au bureau [12]. « C'est une épée à double tranchant », disaient-ils. Ils l'estimaient très efficace pour travailler, mais aussi très perturbateur, et pouvant coûter jusqu'à 1 milliard de dollars à l'entreprise.

Sans doute n'avaient-ils basé leurs calculs que sur le temps passé à travailler. Et non sur la façon dont ce temps était effectivement utilisé. Or les sportifs savent qu'une heure de course à pied, en milieu de journée, n'est souvent pas du temps perdu (au travail), mais au contraire du temps gagné grâce à l'énergie ainsi retrouvée. Surfer sur le Net produirait un effet semblable, plus discrètement qu'en s'éclipsant pour faire le tour du pâté de maisons. D'où la tentation de vagabonder, clandestinement, en ligne.

Le problème est que la justice ne l'entend pas toujours ainsi. Quand l'employeur s'estime lésé et que conflit il y a, c'est au tribunal d'estimer l'ampleur de la sanction, en fonction du tort commis à l'entreprise. D'ici peu, sera-t-on au contraire primé pour avoir surfé ?

Ennui salutaire

Un brillant, mais néanmoins discret, entrepreneur de l'Est de la France, affirmait que ses meilleures idées lui venaient à l'esprit à la messe du dimanche, au moment du sermon. Nouveaux produits et astuces techniques pour améliorer un procédé de fabrication s'affichaient alors dans les lobes cérébraux de ce polytechnicien avisé.

L'homme, aujourd'hui décédé, était très pieux. Mais les sermons du prêtre de son village étaient sans doute assez ennuyeux.

Deux chercheuses britanniques en psychologie de l'université du Central Lancashire – Sandi Mann et Rebekah Cadman – viennent de confirmer cette hypothèse [13]. L'ennui est propice à la créativité, assurent-elles.

Deux expériences les ont menées à cette conclusion. Elles ont d'abord demandé à quarante personnes de recopier les numéros de téléphone d'un annuaire, tâche particulièrement fastidieuse, pendant un quart d'heure. Puis elles leur ont fait réaliser un travail plus créatif, consistant à proposer différentes façons d'utiliser des tasses en plastique. Il s'est avéré que leurs réalisations étaient plus astucieuses que celles d'un groupe témoin de quarante autres personnes qui n'avaient pas eu de travail rébarbatif à faire avant.

Pour confirmer leurs dires, elles ont mené une seconde expérience, en demandant à trente personnes, non pas d'écrire, mais de seulement lire à voix basse, les listes de numéros. Cette équipe-là était non seulement plus créative que le groupe témoin, mais aussi davantage que le groupe des copistes. Ce qui tendrait à prouver que les activités non seulement ennuyeuses, mais aussi passives, comme d'assister à une réunion, stimulent encore davantage l'imagination.

Pour s'ennuyer, rien de tel que de n'avoir pas assez de travail à faire, ou d'être trop qualifié pour le poste, a observé Mme Mann.

Certes, tout comme l'alcool, l'ennui ne doit néanmoins être pratiqué qu'avec modération. Trop d'ennui nuit à la santé.

Il conduit alors à faire davantage d'erreurs, a également prouvé Mme Mann, accroît le stress, provoque des accidents, pousse à la démission. Pour en compenser les effets, les gens boivent, grignotent, du chocolat en particulier, que d'aucuns jugent néfaste quand il est absorbé en trop grande quantité.

À noter : Mme Mann eut l'idée d'étudier ce sujet, non pas à la messe, mais en étudiant les comportements de salariés d'un supermarché… temple de la consommation.

L'HONNÊTETÉ ?
UNE QUESTION DE TEMPS

Discuter avec un interlocuteur malhonnête intellectuellement est désarmant. Car c'est alors parole contre parole. Le dernier mot revenant à celui qui détient le pouvoir à défaut de la vérité. Situation malheureusement très fréquente dans ces sociétés hiérarchisées que sont les entreprises.

Trois chercheurs, Shaul Shalvi, de l'université d'Amsterdam, Ori Eldar et Yoella Bereby-Meyer, de l'université Ben-Gourion (Israël), indiquent une parade qui ne marchera pas à tous les coups, mais qui permet de limiter la casse [14]. Ils ont voulu savoir si le péché – le mensonge s'entend – était originel. Ou plutôt instinctif. Et si, à l'inverse, le temps de la réflexion rendait plus honnête. La réponse est positive.

Pour le prouver, ces chercheurs ont demandé à soixante-seize volontaires de jouer aux dés. Le résultat (de 1 à 6) ne pouvait être vu que du joueur. Plus le chiffre annoncé était élevé, plus le joueur était récompensé financièrement. La moitié des participants devaient donner leurs résultats sur-le-champ, en moins de vingt secondes. Tandis que l'autre moitié avait tout son temps pour répondre.

Deux séries de mesures, dans des conditions différentes, ont été réalisées, et toutes ont donné le même résultat. À savoir qu'aucun des deux groupes n'a été complètement intègre. Pour qu'il en soit ainsi, il aurait fallu que la moyenne des résultats obtenus égale 3,5, disent les chercheurs. Or le groupe ayant dû répondre rapidement était largement au-dessus, avec une moyenne de 4,6. Ce qui montre que, globalement, les membres de ce groupe ont nettement tenté de majorer leur gain. Tandis que les autres, avec une moyenne de 3,9, ont aussi triché, mais moins.

Ces chercheurs en psychologie avancent une explication. « Différents travaux de recherche prouvent que les hommes ont toujours tendance à défendre leurs intérêts, quitte à tricher ; mais à condition d'avoir ensuite les moyens de se justifier. » Or donner le temps de la réflexion limite le risque d'erreur, et donc réduit aussi les explications plausibles. En conséquence, il rend nécessairement plus honnête.

Inutile donc d'argumenter à chaud face à un interlocuteur de mauvaise foi. Il ne fera que s'enferrer dans ses contre-vérités. En revanche, le temps de la réflexion pourra lui être bénéfique.

Mieux vaut donc trouver la manœuvre dilatoire qui permettra de surseoir à une discussion. Pour un temps, celui de l'honnêteté. Une bonne fois pour toutes.

Chapitre 6

ÊTRE HEUREUX, RENDRE HEUREUX

Depuis l'éclatement des bulles de tout genre, bulle Internet, puis bulle financière, toute personne un peu trop euphorique est regardée avec scepticisme dans la sphère économique. Entre bonheur et exubérance, la frontière est en effet parfois vite franchie. Et la crainte de voir un proche, collègue ou investisseur, se laisser griser, aveugler par le succès, rend suspect.

Les gens tristes ne sont pourtant pas plus sages pour autant. Bien au contraire. La tristesse aussi fait des dégâts. Et à trop se méfier de la joie des uns, on finit par tomber dans l'excès inverse.

Il faut savoir cultiver la bonne humeur, chez soi et chez les autres. Elle aide à prendre de bonnes décisions, améliore le climat général de l'entreprise enclenchant un cercle vertueux. À condition que les sourires ne soient pas que de façade. Que les comportements de chacun justifient cette harmonie. Que les codes de bonne conduite ne soient pas que des vœux pieux. Que la critique ne soit pas perpétuelle et la réussite de chacun une préoccupation managériale.

La tristesse rend myope

Est-ce Alan Greenspan, l'ex-président de la Federal Reserve, la banque centrale américaine, qui utilisa le premier l'expression d'« exubérance irrationnelle » ? Ou est-ce le professeur d'économie de l'université Yale, Robert Shiller, qui lui en souffla l'idée, lors d'un dîner, quelques jours auparavant ? Peu importe.

Tous deux qualifiaient ainsi le comportement euphorique des investisseurs qui achètent des biens mobiliers ou immobiliers de plus en plus chers, se montant la tête les uns les autres, jusqu'à ce que la bulle éclate. L'histoire a montré qu'ils avaient eu raison.

Mais il ne faudrait pas en déduire que l'exubérance est nécessairement irrationnelle. Qu'il faudrait se défier de celui qui prend des décisions, alors qu'il est d'humeur joyeuse, voire euphorique. Au contraire. L'idée selon laquelle les gens tristes seraient plus sages, ou plus raisonnables, comme de nombreuses études l'auraient montré, est erronée.

La tristesse est coûteuse, assurent Jennifer Lerner, professeur de management à l'université Harvard, et ses collègues Ye Li et Elke Weber de l'université Columbia[1]. Non seulement pour cause d'achats impulsifs pour se remonter le moral. Mais aussi parce que l'humeur maussade conduit à prendre de mauvaises décisions financières. Ce qui n'est pas le cas de personnes en proie à d'autres sentiments négatifs, comme le dégoût, ont constaté ces experts.

Les gens tristes ont tendance à prendre des décisions dont ils bénéficient à court terme, pour satisfaire des besoins immédiats. Même quand il est évident qu'ils auraient tout intérêt à temporiser pour gagner davantage plus tard.

Une expérience, bien connue des chercheurs en économie comportementale, consiste à offrir un bonbon à de jeunes enfants, et à leur en promettre un autre, s'ils attendent un quart d'heure avant de manger le premier. « Ceux qui se sont avérés capables d'attendre avaient une meilleure estime d'eux-mêmes. Ils ont mieux réussi en classe et professionnellement », rappellent Mme Lerner et ses collègues.

« La tristesse rend myope », résument-ils. Elle « crée un sentiment d'urgence, qui ne cède que quand celui qui en est affecté obtient ce qu'il souhaite ». Ce qui peut coûter de 13 % à 34 % du bien, par rapport à la décision d'une personne d'humeur « neutre », ont quantifié les chercheurs. À l'inverse, « s'amuser rend patient », ajoutent-ils.

Avis aux manageurs donc : récompensez, complimentez ; pour accroître bonheur et profit. D'une pierre, deux coups !

La bienveillance : à pratiquer sans restriction

« La gentillesse est une réponse à la crise », affirme la revue *Psychologies*[2].

On a vite fait de se gausser. Trop facile d'être gentil un jour, puis cynique, égoïste et/ou lâche les 364 jours suivants. Facile de signer un manifeste, de se proclamer vertueux, mais de ne pas traduire sa parole en actes. Peut-on être gentil quand il faut annoncer un licenciement ? Refuser une augmentation de salaire ? Négocier un contrat avec un fournisseur ? Répondre à votre banquier qui vous refuse un prêt : « Mais oui, monsieur le banquier, je vous comprends… Vous avez des difficultés… Désolé de vous avoir importuné. Puis-je vous réconforter ? Vous devez vous sentir tellement coupable… ! » On rigole.

Et pourtant... à la réflexion. Pourquoi pas ? N'y a-t-il pas mille situations dans l'année où, au lieu de répondre avec agressivité, d'ignorer les difficultés d'un collègue ou d'un collaborateur, il aurait été possible de répondre avec bienveillance, respect, d'être à l'écoute ? Quelles auraient été les conséquences d'une telle attitude ? Le pari, presque pascalien, n'est pas difficile à prendre.

Individuellement, chacun a tout à y gagner. Sauf à être particulièrement pervers, il est plus agréable et gratifiant d'écouter, de respecter l'autre, plutôt que de le blesser. Certains devront, pour y parvenir, effacer les faux plis d'un conditionnement, d'un système éducatif trop souvent à l'opposé de ce modèle. Mais le retour sur investissement est rapide.

Il l'est aussi pour l'entreprise, affirment de plus en plus d'auteurs. Parce que la mondialisation, l'exacerbation de la concurrence, les crises à répétition multiplient les sources de stress externes. Et qu'il y a donc intérêt à les réduire en interne. Si l'on veut éviter au personnel d'être paralysé d'angoisse.

Et parce que, dans une société hyperconnectée, où les réputations se font et se défont à vive allure, il devient impératif de bien se comporter, estime Dov Seidman, consultant américain [3].

« Les entreprises qui ont un fonctionnement humain réussissent mieux et plus durablement », affirme M. Seidman, études à l'appui.

Être gentil en entreprise ? Peut-être pas. Mais bienveillant et respectueux. Oui, sans restriction.

DOUBLE VŒU

Les déclarations des politiques et dirigeants ressemblent souvent à des vœux pieux. On entend que la situation macroéconomique s'améliore, sans plus trop y croire. On souhaite que les entreprises cessent de réduire leurs effectifs. Qu'elles embauchent même, augmentent les salaires. Mais, de fait, peu de personnes ont prise sur les événements, et ces incantations relèvent de la méthode Coué, dont les vertus, certes, sont réelles.

Plus réaliste : pourquoi ne pas simplement s'engager à respecter les « codes de conduite », « chartes de valeurs », et autres principes d'« éthique du management » qui figurent de plus en plus souvent dans les rapports annuels ?

Tous les groupes du CAC 40 ont un code de ce type, alors qu'ils n'y sont pas obligés, a constaté Christophe Roquilly, professeur à Edhec Business School et auteur d'une *Analyse des codes éthiques des sociétés du CAC 40*[4]. 90 % de ces groupes s'engagent sur « les relations de travail et le développement personnel ». En résumé, « nous voulons que nos salariés soient heureux », proclame la quasi-totalité des codes, selon M. Roquilly.

Et pourtant, « un travailleur sur cinq souffre de troubles psychologiques comme la dépression et l'anxiété, et bon nombre de salariés peinent à s'en sortir », révèle l'Organisation de coopération et de développement économiques (OCDE) dans son rapport « Mal-être au travail »[5]. En cause, « l'augmentation de la pression au travail, les tensions, le stress ».

Les chartes n'atteignent donc guère leurs objectifs. Et pour cause : près de la moitié d'entre elles (42 %) ne sont que des déclarations de bonnes intentions. Avec des phrases creuses du type : « L'engagement de nos valeurs témoigne de notre souhait d'être reconnu comme un acteur respectant les attentes des générations présentes et futures. » Les 58 % restantes ont un contenu moins flou. Elles rappellent des textes de loi, ou précisent, par exemple, qu'il est interdit de recevoir des cadeaux de Noël trop fastueux. Mais elles ne garantissent pas davantage la qualité des rapports humains dans l'entreprise. Le pire étant les chartes jargonnantes, sans doute écrites originellement en anglais et mal traduites. « Cela montre bien que la direction n'en a vraiment rien à faire ! », juge M. Roquilly.

Dans ce cas, plus personne n'y croit et le risque est grand que l'entreprise ne fasse du tort à sa réputation, quand elle voudrait au contraire l'améliorer.

Alors, messieurs du CAC 40 – et non mesdames, puisque ce club est exclusivement masculin –, nous faisons le vœu que vous respectiez les vôtres !

BANDE D'ABRUTIS !

« Abruti » : « qui est inapte à réfléchir », dit le dictionnaire. Et traiter une bande d'« abrutis » serait un pléonasme, selon une récente étude du Virginia Tech Carilion Research Institute, un centre médical de recherche américain [6].

Le seul fait de travailler en groupe affecterait en effet le quotient intellectuel (QI) des participants. À la baisse, pour ceux ayant un statut social inférieur aux autres, ou se percevant comme tels. Car ils ont alors peur de mal faire, perdent confiance dans un environnement compétitif qui les inhibe. Les femmes se retrouveraient particulièrement dans ce cas de figure, souligne l'étude. On s'en serait douté ! L'âge n'aurait, en revanche, aucune incidence.

« Vous pouvez vous moquer des réunions qui vous semblent débiles. Mais nos travaux suggèrent que ces réunions pourraient bien vous rendre débiles, vous aussi », explique ainsi Read Montague, directeur du laboratoire d'imagerie cérébrale de Virginia Tech, responsable de cette étude.

Celle-ci s'appuie bien sûr sur des preuves scientifiques. Des individus de QI équivalents, mais d'une moyenne supérieure à celle de la population américaine, ont été mis en situation de travail en groupe. La façon dont leur cerveau fonctionnait a été suivie par un équipement d'imagerie par résonance magnétique (IRM).

Les clichés ont confirmé que les zones cérébrales nécessaires à la résolution de problèmes étaient moins actives chez les personnes ayant le sentiment d'avoir un statut social inférieur.

Élémentaire, peut-on penser : un être plongé dans un groupe aux participants impressionnants – à tort ou à raison – peut avoir tendance à se replier sur lui-même, voire à bloquer sa réflexion.

Une mère, ou un père, sait ainsi qu'il faut parfois se battre pour laisser les plus discrets de la fratrie s'exprimer, et éviter de les voir se renfermer ou perdre confiance.

Néanmoins, les chercheurs en neurosciences s'interrogent : « En accentuant la concurrence au sein des équipes, ne perdons-nous pas le potentiel d'une grande partie des personnes de talent ? »

À l'heure où le travail en groupe est valorisé, il est en effet urgent de se poser la question. Et d'avoir l'audace de fournir la réponse. À savoir : oui et non. Oui, les groupes de travail entre semblables en concurrence sont contre-productifs. Non, car selon d'autres études [7], les groupes diversifiés sont au contraire plus performants, la complémentarité des compétences étant source de progrès. De vraies bandes de cracks !

RIRES DE CRISE

Il suffit parfois d'arpenter les couloirs d'un immeuble de bureaux pour apprendre la gamme. Celle des rires s'entend. Non pas que l'humeur y soit forcément au beau fixe. Car si le rire cristallin, tout en gaieté, déride tout un chacun, à l'opposé les rires étrangement sonores et appuyés dérangent, irritent, agacent, autant qu'une fausse promesse sur un emballage. Tant d'efforts déployés pour signifier que l'on est heureux et que l'ambiance est bonne rendent suspect.

Il est pourtant de bon ton d'en faire état. Être de bonne humeur est considéré comme une qualité en entreprise. Il faut l'afficher. « Rire est devenu une arme de management redoutable », estime Jawad Mejjad, docteur en sociologie, chercheur au Centre d'études sur l'actuel et le quotidien (CEAQ) à l'université Paris-V-Sorbonne [8].

De fait, le « management par le rire » a désormais pignon sur rue. C'est une méthode avec consultants et séminaires de formation.

Certes, rire permet de relativiser un débat devenu trop intense au regard des enjeux défendus. « Voir les choses avec humour et dérision » serait le meilleur moyen de lutter contre le stress, estiment plus de deux mille cadres sondés par le site de recherche d'emplois en ligne Monster. Rire est même bon pour la santé, argumentent certains spécialistes.

Mais rire est aussi un moyen de détourner une conversation dérangeante. Il brise la communication, escamote les questions de fond.

M. Mejjad est sévère. « Ce diktat du rire dans l'entreprise signale la souffrance qui s'y est installée, en raison du décalage entre les valeurs de l'entreprise et celles, déjà postmodernes, de la société. Au lieu de pleurer, les gens rient, indiquant ainsi qu'ils ont pris acte du changement et qu'ils sont prêts à mourir symboliquement, c'est-à-dire à tirer un trait sur les attitudes du passé, pour mieux renaître. »

Les hommes politiques sont au diapason. Après les discours sérieux d'un président Charles de Gaulle, se sont succédé les sourires éclatants de chefs d'État, affichant bien-être et joie de vivre. Jusqu'à ce que la crise impose aux présidents de la République, Nicolas Sarkozy, puis François Hollande, d'afficher un tout autre registre. Grave et sérieux.

Le mouvement va-t-il suivre en entreprise ? Où l'on rira peut-être moins, mais pour de bon dans une société ayant réussi sa mutation en adoptant les nouvelles valeurs, nouvelles contraintes, nouvelles règles.

Patron Prozac

Aux États-Unis, nul besoin de campagne de publicité pour inciter chacun à « positiver », comme le fit le groupe de grande distribution Carrefour en 1988, et après. Ce trait de caractère est culturel. « Il est un élément déterminant de la stratégie de survie à développer dans une société compétitive et individualiste », constate David Collinson, professeur de management à l'université de Lancaster (Royaume-Uni), dans un article publié en mai 2012 dans la revue *Leadership*[9].

Les râleurs sont les meilleurs

En France, en revanche, « positiver » n'est bien souvent qu'un slogan incantatoire. On « positive » peu dans les entreprises, tant est inscrit dans la culture que le progrès ne peut venir que de la critique, voire de la sanction.

Cette attitude étonne au-delà des frontières. « Les méthodes de management françaises sont inhabituelles », résumait le magazine britannique *The Economist* du 19 novembre 2011, en une savoureuse litote [10]. Elle expliquerait pourquoi les managers français sont particulièrement mal vus de leurs employés.

Le système d'éducation y est bien sûr pour quelque chose. On y sanctionne, sélectionne, bien plus qu'on y congratule. À tel point que complimenter devient une épreuve. « Je ne sais pas faire de compliments », s'inquiète une lectrice de *Psychologies Magazine* en septembre, qui évoque des séminaires « de développement personnel » destinés à apprendre à complimenter !

À moins qu'il ne soit trop tard. Car déjà soufflent les vents contraires. Pour David Collinson, « positiver » est devenu une drogue. L'enseignant incite désormais les dirigeants à se méfier du « leadership Prozac », du nom de cet antidépresseur. « Ce style de management promeut le bonheur artificiel et décourage la réflexion critique. » Il lui attribue nombre de désastres récents, comme la crise financière des subprimes, survenue par un trop-plein d'assurance, d'optimisme mal contrôlé. Ne pas s'y conformer, oser critiquer, alerter sur des risques potentiels, est mauvais pour la carrière. Les ouvriers d'une compagnie pétrolière qui s'inquiétaient de la sécurité des installations auraient eu en moyenne de moins bonnes appréciations, et donc une moins bonne rémunération que les autres, a-t-il constaté.

Pas en France ! La consommation d'antidépresseurs (les vrais) y est toujours une des premières au monde. Par manque de patrons Prozac, sans doute ! Si l'excès d'encouragements nuit à la santé des entreprises, l'excès de critiques atteint les individus. Et plus gravement encore.

Moins × Moins = Plus

Le moral des ménages, le moral des dirigeants sont des boussoles économiques. Ces paramètres sont censés donner de précieuses indications sur ce que sera effectivement la conjoncture des semaines à venir. Le pessimisme caractéristique de la population française, régulièrement épinglé dans les sondages internationaux, ne ferait qu'aggraver la situation.

Pour éviter de tomber dans ce piège, il faut « positiver », entend-on, comme cela se pratique plus couramment outre-Atlantique, se concentrer sur ce qui va bien. Quitte à se livrer à des contorsions cérébrales pour voir l'avenir en rose. À échouer bien souvent. S'en vouloir de ne pas y arriver. Culpabiliser. Et accroître encore la morosité ambiante.

Un auteur américain a trouvé le moyen de sortir de cette nasse. Positiver serait contre-productif. La morosité hexagonale apparaît donc comme un atout à cultiver, peut-on en déduire. Au risque, certes, de positiver outrageusement ! Oliver Burkeman est l'homme par qui la bonne nouvelle est arrivée [11]. « La pensée négative » permet d'être heureux, explique-t-il. « Mieux vaut voir le verre à moitié vide ! » assure-t-il.

À l'appui de sa thèse, il appelle la pensée stoïcienne à la rescousse. Mais aussi les résultats de recherches récentes. « Les visions positives d'un avenir idéalisé sapent l'énergie, la motivation nécessaires pour atteindre ses objectifs », démontrent deux chercheurs en psychologie Heather Barry Kappes, de l'université de New York, et Gabriele Œttingen, de l'université d'Hambourg (Allemagne) [12].

Une autre chercheuse en psychologie, Julie Norem, théoricienne du « pessimisme défensif » explique que cette attitude consistant à s'inquiéter des tâches à accomplir, qu'il s'agisse d'examens, de dossiers à finir, ou d'entretiens d'embauche, permet de mieux se préparer à l'adversité [13]. Et donc, *in fine*, de mieux réussir. Pour y parvenir, il faut donc non seulement ne pas avoir trop confiance en soi, mais aussi noircir la situation.

Comme on l'apprend en mathématiques : moins par moins égale plus !

EN PROGRÈS !

« Bien. En progrès », dit le professeur à son élève, qui s'en réjouit. Ce souvenir explique-t-il que le sentiment de progresser dans son travail rende joyeux ? Ou cette satisfaction est-elle inhérente à la nature humaine ? Toujours est-il que progresser en entreprise est aussi indispensable que l'air que l'on respire. Pas forcément progresser en prenant des galons. Mais progresser en connaissance, en responsabilité ; réaliser que l'on devient capable d'accomplir des tâches complexes, ou nouvelles.

Le baromètre du bien-être (et mal-être) au travail vient confirmer cette thèse, estime son auteur, Victor Waknine, fondateur et associé gérant de Mozart Consulting [14]. Il ne s'agit pas d'un énième sondage, mais d'une étude statistique élaborée à partir des bases de données de l'Organisation mondiale de la santé (OMS), de la Caisse nationale d'assurance-maladie, entre autres.

Ce baromètre part du principe selon lequel « si je suis bien au travail, j'y suis », explique M. Waknine. Il quantifie le bien-être en analysant le taux d'absentéisme, de ruptures de contrat, de départs forcés, etc.

Il apparaît que le climat est globalement bien meilleur dans les entreprises industrielles que dans les sociétés de services. Malgré les menaces pour l'emploi qui pèsent sur le secteur manufacturier, les risques de délocalisation, les niveaux de salaire qui sont généralement plus faibles que dans des sociétés de conseil ou d'informatique, par exemple. C'est que « les salariés ont un rapport direct, voire affectif avec ce qu'ils produisent », estime M. Waknine, et que ce sentiment se développe plus facilement dans l'industrie, où la production est concrète, la qualité mesurable.

Et, pourtant, peu de dirigeants sont attentifs à ce sentiment de progrès (non hiérarchique). Deux chercheurs en management, Teresa Amabile, professeur à la Harvard Business School, et Steven Kramer, chercheur indépendant et consultant, le confirment dans un article publié dans la revue *McKinsey Quarterly*, du premier trimestre 2012 [15].

« Les managers estiment que la reconnaissance, la rémunération, la nécessité de fixer des objectifs précis sont les principaux facteurs de motivation. Mais très peu citent cette notion de progrès », affirment-ils, études à l'appui.

Les progrès de l'entreprise résultent pourtant des progrès de ses salariés, et en bloquer certains à leur poste pour la seule raison qu'ils y sont performants est contre-productif. Évident, non ?

MANAGEMENT FAÇON PUZZLE

Une seconde secousse succède fréquemment à un tremblement de terre. Cinq ans après la faillite de la banque Lehman Brothers, qui entraîna l'économie mondiale dans la crise, l'ex-directrice financière de cette institution, Erin Callan, remet ainsi sa vie en question [16]. « Y a-t-il une vie après le travail ? » se demande-t-elle. Pour répondre que, non. En ce qui la concerne, en tout cas.

Que faisait-elle le week-end, quand elle était chez Lehman ? « Du kayak, de la montagne, de la course à pied ? » Rien de tout cela : elle dormait… Pour récupérer sa force de travail. À quarante-sept ans, elle aimerait avoir des enfants. Mais ses essais de fécondation in vitro ont échoué pour l'instant.

Son texte est poignant. « Je commence à réaliser que je me suis vendue pour des objectifs de court terme », dit-elle, en langage de banquier. Elle n'aurait sans doute pas été aussi amère si sa société avait continué de bien se porter. Mais la leçon mérite d'être entendue. Personne n'est à l'abri d'une telle issue.

Penser qu'elle songe à renvoyer ses congénères à leurs foyers serait néanmoins erroné. Elle se veut constructive. « Je n'avais pas à consulter mes mails de la première heure à la dernière, juste avant de m'endormir. Je n'avais pas besoin de prendre l'avion de nuit le jour de mon anniversaire... J'aurais pu arriver au même résultat en prenant davantage soin de ma vie privée », reconnaît-elle.

Une autre Américaine, Jody Greenstone Miller, cofondatrice et PDG de Business Talent Group, propose une solution [17]. Le management façon puzzle. Certes, elle n'envisage pas d'« éparpiller » l'entreprise « par petits bouts », à la façon de Raoul Volfoni, héros des *Tontons flingueurs*, film culte de Georges Lautner. Mais de « définir des responsables de tâches-clés », et non plus de fonctions générales, comme directeur marketing ou financier... Pour que « l'entreprise ressemble davantage à un puzzle qu'à une pyramide », dit-elle. Et que chacun puisse ainsi mieux gérer son temps.

Ceux qui auraient envie d'être davantage avec leurs proches, de faire du sport, sortir, quitte à gagner moins, pourraient le faire, tout en gardant le même niveau de responsabilité, mais sur un domaine plus limité. Pour conjuguer loisir et travail passionnant.

« Ce souhait d'une vie équilibrée ne concerne pas que les femmes », réplique Andrew Hill [18], chroniqueur au *Financial Times*. Et c'est tant mieux. Car plus nombreux seront les candidats à une telle remise en cause, plus elle aura de chance de réussir. Il faut beaucoup de pièces pour construire un puzzle.

SECRET SALAIRE

Aux États-Unis, dit-on, le salaire n'est pas un sujet tabou. Cette transparence est pourtant très récente. Certes, les Américains n'ont pas honte de s'enrichir, de le montrer et de le dire. Mais discuter de leur rémunération avec leurs collègues est une autre histoire. Beaucoup d'employeurs s'y opposent même fortement. « Un contrat d'embauche sur trois précise qu'il est interdit de parler salaires avec ses collègues », selon David Card, Alexandre Mas, Enrico Moretti, Emmanuel Saez, quatre chercheurs de l'université de Californie et celle de Princeton [19]. La cause en est limpide : l'information donne pouvoir et arguments à ceux qui attendent une augmentation.

Mais cette pratique serait en train de changer. Parce que certains États s'opposent désormais à cette clause de confidentialité, d'une part. Et que, d'autre part, les langues se délient. Les jeunes nés dans les années 1980 et 1990 parleraient désormais sans problème de leur paie au bureau. Habitués à raconter leur vie sur les réseaux sociaux, ils n'auraient plus la pudeur de leurs aînés quant à leurs émoluments [20].

En France, on en est loin. La transparence, exigée des membres du gouvernement, reste inenvisageable sur le lieu de travail. Hormis pour les dirigeants et administrateurs de sociétés qui y sont contraints. « C'est le grand tabou. Surtout pour le bonus », avertit ce jeune banquier. L'omerta se prolonge chez soi. « J'ai vécu pendant trois ans avec un financier. Je n'ai jamais su combien il gagnait », raconte cette toute jeune trentenaire. « Je ne connais pas le salaire de mes meilleurs amis. J'ai un ordre de grandeur en tête, mais qui relève de l'estimation sauvage », avoue cet autre.

Cette discrétion a des vertus. Selon l'étude californienne, connaître le salaire de son voisin de bureau rend malheureux. Surtout celui dont la paie est inférieure à la médiane de sa catégorie. Alors que savoir que l'on est au-dessus ne rend pas plus heureux.

Côté bonheur immédiat : tout à perdre, rien à gagner, donc. Côté finance : il n'est pas dit que les mal payés ont été augmentés. En revanche, ils ont été plus nombreux à quitter l'entreprise pour une autre, plus généreuse.

Perdant, perdant. Pour l'entreprise aussi, puisque la satisfaction globale des salariés s'est détériorée. Et donc la qualité de travail.

Le salaire ? Secret défense !

Chapitre 7

APPRÉCIER LA DIVERSITÉ

La question de la mixité serait une préoccupation pour plus de la moitié des dirigeants européens. Mais, dans les faits, les vieux réflexes demeurent. De nombreuses instances de direction des entreprises, les bureaux d'ordre de professions libérales (tel l'Ordre des médecins) sont encore exclusivement masculins. Dans les journaux, ce sont essentiellement – à plus de 80 % – des hommes qui sont cités. Les rémunérations restent inéquitables.

Or la diversité améliore les performances. Hybrider genres, orientations sexuelles, cultures, nationalités, formations, générations, permet de faire des étincelles.

Pour qu'il en soit ainsi, il faut parfois forcer sa nature. Penser à tendre l'oreille aux plus silencieux, aux femmes, en particulier, qui hésitent encore trop à prendre la parole. Admettre qu'il n'existe pas une seule façon d'exercer le pouvoir, celle dessinée par des générations d'hommes. Qu'un leadership féminin, plus désireux de faire que d'être apporte d'autres atouts. Que les différences salariales entre hommes et femmes reposent sur des raisons historiques et sont inacceptables.

Que cette équité professionnelle, vertueuse, implique aussi l'équité dans la sphère familiale ; et admettre que l'entreprise ne doit pas être un obstacle à la réalisation de cet objectif. Qu'elle a un rôle à jouer pour en permettre la réalisation.

Les femmes ne sont pas assez bavardes

Le refrain est connu. Les femmes sont des pipelettes. Bavardes comme des pies. Des commères.

Et pourtant... Les femmes, même de pouvoir, peinent à se faire entendre.

Dans l'entreprise, c'est un fait.

Certes, les femmes représentent désormais plus de 20 % des membres des conseils d'administration des entreprises du CAC, grâce à la loi qui impose que 40 % de femmes siègent dans ces conseils au 1er janvier 2017.

Mais, dans les comités exécutifs, les vrais lieux de pouvoir qui ne sont soumis à aucune règle de quota, les chiffres sont sidérants. En septembre 2013, treize entreprises sur les quarante du CAC ne comptaient aucune femme dans leur comité exécutif, selon la base de données de la société d'analyse financière indépendante OFG. Globalement, les femmes ne représentaient que 9,6 %

de ces instances. Près de la moitié d'entre elles étaient chargées de la communication ou des ressources humaines.

Pourquoi ? Non par manque de compétences. Les femmes réussissent mieux que les hommes dans le système universitaire. Et leur présence accroît les performances des entreprises. Ne serait-ce que parce qu'elles élargissent le vivier de compétences dans lequel les entreprises peuvent puiser, quand leurs dirigeants acceptent d'enlever leurs œillères. Et parce que la diversité est source d'intelligence partagée, de créativité.

Seulement voilà, les femmes sont trop silencieuses. Elles n'arpentent pas assez les couloirs, et traînent moins autour des machines à café. Trop occupées par leur double vie professionnelle et familiale. Trop concentrées sur leurs tâches. Trop bonnes élèves.

« Dans les comités de direction, les hommes font jouer leurs réseaux, évaluent les positions des uns et des autres. Ils passent un temps fou à s'en préoccuper. Les femmes répondent aux questions posées », décrit une connaisseuse.

Elles apparaissent peu dans les médias. Ce sont des hommes qui sont cités comme experts dans 83 %[1] des cas. Non seulement parce que les femmes sont moins aux commandes – les taux sont à peine meilleurs dans des secteurs féminisés, comme la culture. Mais parce que, souvent, parler les gêne. Trop respectueuses des règles du jeu, il leur arrive de préférer céder la parole à leur supérieur hiérarchique. Parce qu'elles hésitent à se mettre en valeur, à tenir le devant de la scène.

Les femmes ne sont pas assez bavardes. Il est grand temps d'inverser la tendance.

LA FORCE FAIT LA PAYE

L'anecdote paraît préhistorique. Un « comité de cotation » planchait, il y a quelques années, chez EDF-GDF Service pour modifier les grilles de salaires du personnel.

Vint le tour des secrétaires et des assistantes. « La question était de savoir si une secrétaire avait vraiment besoin de raisonner pour tenir son emploi », relatent deux sociologues, auteurs d'un très instructif *Guide pour une évaluation non discriminante des emplois à prédominance féminine*, publié par le Défenseur des droits [2]. Réponse : « Elle a besoin de raisonner, seulement lorsque la machine à café est en panne !... Elle ne dirige pas une centrale nucléaire tout de même ! » Et chacun de s'esclaffer.

Facile de cacher ses préjugés derrière une mauvaise blague. Le principe « à travail égal, salaire égal », que personne n'oserait désavouer, est peu appliqué, pour des raisons que l'humour ne fait que cautionner.

Les raisons régulièrement invoquées pour justifier l'écart de 30 % entre salaires féminins et masculins masquent des causes historiques et profondes. Certes, les femmes travaillent souvent à temps partiel ; certes, leurs métiers, ces fameuses fonctions du « care », de l'attention à l'autre (secrétaires, infirmières), sont en moyenne moins payés que ceux exercés par des hommes (chefs de chantier, conducteurs de travaux). Mais pourquoi ? Parce que la force physique associée à certains métiers, même si elle n'est plus une réalité en raison des progrès techniques, continue d'être valorisée financièrement.

« Jusqu'en 1946 [arrêtés Croizat], un abattement de 10 % sur les salaires féminins [était] prévu dans les textes », rappellent les auteurs du rapport. Faute d'une musculature équivalente. L'endurance, la fatigue nerveuse, le stress propres aux métiers qui nécessitent aussi de fortes qualités relationnelles, et donc souvent qualifiés de féminins, n'étaient pas jugés de même valeur. Et les habitudes perdurent. D'autant que, comparées aux compétences dites masculines – compétences techniques nécessaires pour faire tourner une centrale nucléaire –, les qualités dites féminines de minutie, de dextérité, de soin des autres sont « présumées naturelles » et donc non valorisées, détaillent les auteurs de l'étude.

La distinction existe aussi chez les cadres et peut expliquer pourquoi un directeur des ressources humaines (fonction souvent tenue par une femme) perçoit un salaire très inférieur à celui du directeur financier ou du directeur commercial.

Le plafond de verre est en fait de béton, durci par l'histoire. En déceler et en comprendre le mode de fabrication devrait en faciliter la destruction. Espérons-le !

LADY BLUES AU SOMMET

Les femmes connaissent malheureusement le plafond de verre, cette barrière invisible qui les empêche trop souvent de progresser professionnellement.

Elles sont de plus en plus nombreuses à vouloir le briser. Les textes législatifs imposant des quotas, comme c'est le cas en France, dans les conseils d'administration, les y aident.

Et pourtant, une fois au sommet, les femmes dirigeantes ne sont pas heureuses, parce que la façon d'exercer le pouvoir ne leur convient pas[3]. Certes le contexte de crise et de déprime économique n'est pas réjouissant. Mais les causes de ce blues sont plus fondamentales.

Pour « réussir », elles se sont pliées aux façons de faire de générations d'hommes qui les ont précédées. « La guerre pour le pouvoir est une réalité masculine à laquelle les femmes se confrontent avec difficulté. Les hommes souhaitent le pouvoir pour "être" ; alors que les femmes ambitionnent le pouvoir de "faire". Elles sont mal à l'aise avec les conflits, et préfèrent la voie de la médiation à celle de l'affrontement », a constaté Viviane de Beaufort, professeure à l'Essec [4].

Les femmes ont dû adopter un style de leadership masculin, fondé sur le contrôle, les actions correctrices, appuie Sandrine Devillard, directrice associée de McKinsey. Bien que ce style soit jugé inadéquat en période de crise. Alors que celui que les femmes apprécient davantage, plus participatif pour mobiliser les équipes et susciter leur adhésion, s'avère au contraire plébiscité par les dirigeants, pour affronter la conjoncture actuelle, selon les études du cabinet de conseil.

Conséquence : 59 % des femmes dirigeantes, qui n'auraient plus qu'une marche à gravir pour accéder à la direction générale, n'ont aucune envie de le faire. « La situation n'est pas très propre au sommet. Il faut se faire valoir, même si c'est au détriment de l'entreprise, faire de plus

en plus de politique et ça ne m'amuse pas »,
a expliqué l'une d'elles aux enquêteurs de
McKinsey.

Donnant encore davantage raison à ceux qui militent, au contraire, pour plus de mixité.

ILLUSIONS MASCULINES !

Il serait temps que les pères ne se contentent pas de bonnes résolutions concernant l'équité entre les hommes et les femmes. Pour eux-mêmes, mais aussi au bureau, pour les autres, quand ils sont en position d'autorité. Qu'ils s'engagent réellement à contribuer davantage à la vie familiale, aux tâches domestiques, et à mettre en place une organisation qui permette à leurs collaborateurs d'en faire autant.

Car la parité, au sens du partage équitable des tâches familiales et domestiques, est loin d'être effective dans les foyers français. « Quel que soit leur nombre d'enfants, les femmes consacrent entre deux et trois fois plus de temps que les hommes aux courses et au ménage. » « L'image du nouveau père participant activement aux activités d'éducation des enfants souvent présentée comme une avancée n'est pas observée dans les faits »[5], commentent Carole Brugeilles et Pascal

Sebille, démographes[6]. Cette iniquité familiale perdure, bien qu'il ne soit plus possible d'arguer que les obligations professionnelles des hommes les empêchent de participer davantage à la maison. Car, en France, plus de 8 femmes sur 10, âgées de vingt-cinq à cinquante-trois ans, sont sur le marché du travail, et 70 % d'entre elles le sont à temps complet.

De bonnes résolutions seraient donc légitimes. Et pourtant il y a peu de chances qu'elles aient été évoquées, même en pensée. Car un homme sur deux se sent irréprochable, chantre de l'égalité parentale, papa modèle[7]. Tandis que l'autre moitié se reconnaît dans un schéma traditionnel, sans qu'il ne soit dit que cela le dérange.

Les hommes ne sont pas au fait des réalités. Par conséquent, leurs entreprises non plus. Une très faible minorité de sociétés se préoccuperaient des questions de parentalité masculine. Et, quand elles se sentent concernées, elles l'affichent dans leur discours, mais prennent beaucoup plus rarement des mesures concrètes, selon les salariés interrogés pour l'enquête.

Quand bonnes résolutions il y a, l'action ne suit pas. Chacun se berce d'illusions.

Des faits, messieurs, des faits !

Apprécier la diversité

Aux actes, messieurs !

La majorité (53 %) des centaines de dirigeants de sept pays européens – et 57 % des Français –, interrogés par le cabinet de conseil en stratégie McKinsey, déclarent que cette question de la mixité fait partie de leurs dix priorités stratégiques[8]. Tout devrait être mis en œuvre pour casser le plafond de verre qui bride la carrière des femmes. Promis, juré ! D'ici peu, les inégalités salariales seront des souvenirs désuets. Comme le fait qu'une femme ne puisse exercer une activité professionnelle sans le consentement de son mari. Ce qui n'est pourtant plus le cas en France que depuis 1966.

Quelle prise de conscience !

Mais, dans les faits, la situation n'évolue guère. Certes, la loi française, promulguée le 27 janvier 2011, qui impose que les conseils d'administration des entreprises françaises cotées comprennent au moins 20 % de femmes avant janvier 2014, et 40 % avant janvier 2017, a accéléré le processus dans ces instances. Mais, ailleurs, c'est le calme plat. En septembre 2013, il n'y avait que 9,6 % de femmes dans les comités exécutifs français des entreprises du CAC 40. Et elles n'avaient qu'une chance infime de devenir un jour PDG.

Les râleurs sont les meilleurs

Le secteur financier est le plus machiste, au niveau européen. En 2012, à la base, les femmes constituent la moitié des effectifs. Mais elles ne sont plus que 22 % dans l'encadrement moyen. Jusqu'à disparaître complètement en haut de la pyramide.

Quand on les interroge, 92 % des PDG interrogés affirment pourtant qu'ils s'engagent personnellement pour améliorer la mixité dans leur entreprise. C'est-à-dire qu'ils fixent des objectifs en matière de promotion des femmes, par exemple. Mais dans les faits, ce n'est vraiment le cas que dans 41 % des sociétés.

De même, 60 % des entreprises disent avoir mis en place des programmes pour aider les femmes à constituer des réseaux et à acquérir des qualités de leaders. En instituant des systèmes de mentoring, par exemple. Mais à peine 15 % l'ont réellement fait.

Il faut dire que 60 % des cadres moyens hommes ne pensent pas que la mixité soit un facteur de performance en entreprise. Les stéréotypes ont la vie dure. Beaucoup reste à faire pour que les mentalités évoluent.

Alors, après vos belles paroles, aux actes, messieurs ! Car c'est bien souvent vous qui êtes aux manettes. Pour débloquer la situation.

Apprécier la diversité

Homo au bureau

Isabelle, chef de service, devait étoffer son équipe. Après avoir rencontré plusieurs candidats, elle en sélectionne un et le présente à son patron pour un dernier entretien. La réaction du dirigeant la sidère : « As-tu remarqué : il est homosexuel. » Réponse : « Effectivement. Son attitude est sans équivoque. Et alors ? » Le candidat sélectionné fut embauché. Et on n'en parla plus.

Dans certaines entreprises, la discrimination à l'égard des homosexuels reste une réalité. Un rapport de la Haute Autorité de lutte contre les discriminations et pour l'égalité (Halde) de 2008 révélait que 12 % des homosexuels déclaraient avoir été écartés d'une promotion interne, 8 % avoir été discriminés lors d'un recrutement, 4,5 % avoir été licenciés ou forcés de démissionner à cause de leur orientation sexuelle, rappellent Thierry Laurent et Ferhat Mihoubi, professeurs d'économie à l'université d'Évry-Val-d'Essonne [9]. Les chercheurs ont calculé que les hommes homosexuels (mais pas les femmes) ont une rémunération inférieure de 6,2 % en moyenne à celle de leurs homologues hétérosexuels dans le privé et de 5,5 % dans le public [10].

Mais plus que les discriminations, les préjugés – ou peut-être encore davantage, la crainte des préjugés – ont la vie dure.

Dans le film documentaire de Sébastien Lifshitz *Les Invisibles*, une femme lesbienne, retraitée, témoigne : « Quand je prenais un pot avec une collègue, il arrivait très souvent qu'elle parle de ses amours, de ses enfants. Je me disais qu'il ne fallait pas me taire. Je prenais mon courage à deux mains pour dire que je vivais avec une femme. Les gens étaient abasourdis. »

Aujourd'hui, la crainte de parler demeure. Selon le Center of Work-Life Policy, centre de réflexion américain, 48 % des employés homosexuels, bisexuels ou transgenres (HBT), cachent leur orientation sexuelle, aux États-Unis. Or les HBT qui n'ont pas fait leur coming out se sentent isolés au travail, selon Sylvia Ann Hewlett et Karen Sumberg, coauteurs de l'étude. Conséquence, ils évoluent moins facilement. Quelque « 71 % des employés HBT qui ont progressé vers des postes de direction ont fait leur coming out ». Ceux qui se dissimulent « doivent faire énormément d'efforts pour y parvenir, ce qui leur laisse moins d'énergie pour travailler », expliquent les auteurs. « Il faut donner l'illusion à l'autre que vous partagez son discours. Le premier ennemi

Apprécier la diversité

ou allié qu'on a en face de soi, c'est d'abord soi-même », estime M. Lifshitz.

Pour faire tomber ces barrières – objectives ou pas – et ainsi tirer le meilleur de leurs collaborateurs, près de 60 % des cinq cents premières entreprises américaines (Fortune 500) offrent désormais les mêmes avantages aux conjoints, qu'ils soient homo ou hétérosexuels.

En France, quelques entreprises ont ouvert le chemin, comme Orange, Randstad et SFR. Sans attendre qu'une loi offre à tous les mêmes droits.

Effets de bande

Une jeune femme française, expatriée il y a presque quatre ans dans un pays lointain, voulait profiter à fond de cette expérience. Pas question de fréquenter les associations et clubs de compatriotes. Il lui fallait aller vers l'inconnu.

Les débuts furent rudes. Et contre-productifs, estime-t-elle aujourd'hui. Sur le départ pour une autre destination encore plus lointaine, elle compte bien, cette fois, profiter des connaissances des Français déjà présents, pour mieux appréhender son nouvel univers. Et elle a bien raison.

Les râleurs sont les meilleurs

Faut-il ou non se rapprocher de ses semblables pour se faire aider, professionnellement, en particulier ? Pas seulement si l'on est à l'étranger. Mais aussi, lorsque l'on reste dans son pays d'origine. Est-il efficace de s'appuyer sur les réseaux de collègues ayant fréquenté les mêmes écoles pour mieux comprendre l'entreprise dans laquelle on se trouve, le problème auquel on est confronté ?

Tout dépend de sa fonction hiérarchique et de son ancienneté, ont prouvé deux chercheurs – Gokhan Ertug, professeur de stratégie à l'université de Singapour, et Martin Gargiulo, professeur de psychosociologie des organisations à l'Institut européen d'administration des affaires (Insead), école de management international [11]. L'homophilie, c'est-à-dire le fait de partager des mêmes valeurs, une même histoire, n'est porteur de performance qu'à certaines conditions.

Pour étudier ce phénomène, les chercheurs ont examiné les comportements de 1 746 banquiers issus des grandes institutions internationales, travaillant tous sur les marchés actions, dans toutes les fonctions possibles, et à tous les niveaux hiérarchiques. Ils ont comparé les performances de ces banquiers – mesurées par l'importance de leur bonus – à leur système relationnel.

Apprécier la diversité

Conclusion : un jeune, novice, en bas de l'échelle hiérarchique, a tout intérêt à chercher de l'aide auprès de ceux qui lui ressemblent. Il trouvera ainsi plus facilement et rapidement l'information qu'il souhaite. La jeune expatriée ne devait donc pas hésiter.

Toutefois, il ne faut pas abuser du principe selon lequel « qui se ressemble s'assemble ». Il est contre-productif pour les personnes plus gradées, ou très qualifiées. Car plus elles sont proches, moins elles peuvent s'apporter mutuellement. Elles gagnent à chercher la différence, au contraire.

En haut de l'échelle hiérarchique, les avantages liés à la confiance, à la complicité de camarades de classe, ne compensent pas les inconvénients d'une trop grande proximité de points de vue.

X ET Y

Irène (le prénom a été changé) ne sait plus à quel saint se vouer. La voilà nommée chef (dire : manager) d'une équipe de trentenaires, alors qu'elle a dépassé la cinquantaine. Joviale, mais néanmoins désireuse d'asseoir son autorité, elle se trouve désemparée. Elle ne se sent plus écoutée, plus entendue. « Méprisée ? », se demande-t-elle.

Et le mot est lâché : la « génération Y » doit être le cœur du problème. Elle obéit à d'autres règles.

Les conflits opposant baby-boomers et membres de la génération X, c'est-à-dire quadra et quinquagénaires, lors de leur arrivée sur le marché du travail, n'avaient pas eu cette acuité.

Mais les Y sont arrivés. Et, désormais, tout est désordonné. Âge et savoir ne sont plus corrélés. Avoir une expérience de plusieurs dizaines d'années n'est plus un atout. « On peut tout trouver sur le Web », entend-on. « Nous pensons en réseau, pas en hiérarchie », tweete un jeune dirigeant qualifié de Young global leader (YGL) sur le site du célèbre Forum de Davos.

Les relations tissées sur plusieurs décennies ne sont plus un actif enviable. Les réseaux sociaux vous lient à la planète entière, en quelques clics.

Certes. Mais le virtuel a ses limites. Une situation en évoque une autre dans un esprit expérimenté. Ce qu'aucun moteur de recherche ne peut faire, puisqu'il ne s'agit pas de chercher, mais de juxtaposer, sans rien demander.

Et l'émotion de relations passées, la confiance construite dans la durée sont des notions inconnues du Web 2.0. Mais comment convaincre ?

Par l'exemple. Et des deux côtés. « Les réseaux multiplient les sources d'information et permettent d'aborder un problème en écoutant

Apprécier la diversité

divers points de vue, de changer de perspective », indique Lucian Tarnowski, autre « YGL » de Davos, fondateur et PDG de Bravenewtalent.com, sur son blog. Plus de risque, donc, de n'envisager les choses que par le petit bout de la lorgnette.

Belle perspective, en effet. Mais à condition, dans cette période intermédiaire, d'être ouvert à tous. X ou Y.

Une attitude réaliste puisque [12] tous attendent les mêmes pratiques des dirigeants de demain. À savoir, « piloter à long terme, et non en relayant les demandes à court terme des actionnaires, motiver les collaborateurs, être visionnaire ».

Unis sur l'objectif ; pas encore sur le moyen d'y parvenir. Mieux vaut ça que l'inverse.

LES EMPLOIS DES VIEUX PROFITENT AUX JEUNES

Partir à la retraite est vécu, par certains, comme un soulagement. Pourtant, les pots de départ ne sont pas toujours de grands moments d'euphorie dans les entreprises. En particulier parmi les cadres. Pour des raisons économiques, bien évidemment : un départ à la retraite réduit drastiquement le niveau de vie.

Mais aussi parce qu'affirmer « Le travail, c'est la santé, rien faire, c'est la conserver », comme le chantait Henri Salvador, ne va pas de soi. Notamment pour les cadres qui ont la chance d'être intéressés par ce qu'ils font, qui y prennent plaisir.

Or ils sont ultra-majoritaires : 92 % estiment que leur situation professionnelle est « assez bonne, très bonne ou excellente »[13]. L'avouer n'est pas toujours facile, tant les notions de travail et de plaisir s'affichent comme contradictoires. La posture se prend dès le collège. L'« intello », celui qui a de bonnes notes, se doit d'être un agitateur pour faire bonne figure.

En entreprise, on hésite donc à exprimer son désir de rester. D'autant qu'en cette époque de chômage croissant, s'accrocher à son poste alors que l'on pourrait partir se reposer fait grincer des dents. N'occupe-t-on pas la place d'un jeune, qui peine à trouver un emploi, et qui, en outre, serait moins gourmand financièrement ?

Inutile de culpabiliser, pourtant. Bien au contraire. On pourrait nous accuser de prêcher pour notre paroisse. Et ce ne serait pas totalement faux !

Mais c'est le très sérieux magazine britannique *The Economist* qui l'affirme : pousser les vieux (les seniors, si l'on veut être politiquement correct) vers la sortie, la retraite, ne favorise pas l'emploi des jeunes pour autant. Il semblerait même que ce soit le contraire [14].

Les pays de l'OCDE qui emploient le plus de sexagénaires sont aussi ceux qui emploient le plus de jeunes. Et vice versa. L'idée selon laquelle en partageant le travail on réduit le chômage est erronée, argumente le magazine. Une position controversée, certes.

Mais le procès en égoïsme est d'autant moins fondé pour les cadres que, si l'emploi se dégrade en général, les recrutements de cette catégorie de salariés augmentent au contraire en France, indique l'Agence pour l'emploi des cadres.

Et les mérites de la diversité sont désormais vantés : diversité hommes-femmes, diversité des origines. Alors, pourquoi pas diversité des générations ?

POISON DE CULTURE

Facile de couper court à une nouvelle idée, à un nouveau projet, parce que cela ne cadrerait pas avec « la culture de l'entreprise ». Celle-ci a souvent bon dos. Plus grave, l'argument est fréquemment utilisé quand il s'agit de recruter. Il est plus acceptable de dire que la personnalité d'un candidat ne colle pas avec cette fameuse culture de l'entreprise que de s'avouer, à soi-même et encore plus aux autres, que le postulant ne vous ressemble pas et que ça vous dérange.

Faux ? Si les statistiques sur l'emploi ne suffisent pas à convaincre, une étude menée par Lauren Rivera, professeure de sociologie à la Northwestern University (États-Unis), confirme que les critères de ressemblance, d'appartenance, l'emportent bien souvent sur les compétences [15].

Son étude porte sur les recrutements dans des cabinets réputés de conseil ou d'avocats, et dans des banques d'investissement. Une sélection qui permet d'analyser le phénomène « au microscope » tant les différences de formation sont ténues entre les recrues potentielles, toutes diplômées de bonnes écoles ou universités.

« Savoir si le candidat aime l'escalade, joue du violon ou apprécie les films d'horreur est essentiel pour s'assurer [qu'il conviendra] » à son univers professionnel, a observé la sociologue. Ainsi, « un candidat qui avait toutes les qualités professionnelles mais aimait la littérature du XVIIIe siècle et les films d'avant-garde a été jugé trop intellectuel et n'a pas été convoqué pour un second entretien », a-t-elle relevé.

Certes, on comprend le souhait de travailler en harmonie, et donc de sélectionner ceux qui auront le plus de chances de bien s'intégrer. Mais cette quête est-elle compatible avec un autre vœu fortement revendiqué : celui de faire preuve de créativité ? Pas sûr.

Chacun sait qu'une bonne idée émerge souvent d'une personne ayant une expérience différente de celle des autres, capable de faire des rapprochements entre deux univers que l'on pensait disjoints. « Trop d'harmonie empoisonne l'atmosphère », résume Thomas Vasek [16]. L'harmonie conduit à marginaliser ceux qui ne sont pas du sérail. À les empêcher de s'exprimer.

Comme en musique, l'harmonie nécessite son lot de dissonances pour être remarquable.

Chapitre 8

REPÉRER LES QUALITÉS CACHÉES

Pour apprécier collègues et collaborateurs à leur juste valeur, il faut parfois mettre ses a priori par-dessus tête.

Un râleur n'est ainsi peut-être pas facile à vivre. Et il peut sembler plus enviable d'être entouré de personnes perpétuellement satisfaites de leur sort, toujours prêtes à congratuler tout un chacun et leur supérieur hiérarchique en particulier.

Mieux vaut pourtant s'en méfier ; et attribuer, en revanche, un intérêt particulier aux critiques des râleurs.

Savoir aussi être vigilant face à des individus sûrs d'eux. Certes, ils inspirent confiance. Mais ce ne sont pas les plus compétents. Mieux vaut s'intéresser à ceux qui craignent de mal faire, qui culpabilisent à l'idée de commettre des erreurs. Ils sont peut-être moins joviaux et peu attrayants tant ces hésitants masquent leurs talents ; mais ceux-ci sont bien réels.

Ne pas se laisser éblouir par les fans d'innovations en tout genre, au courant des dernières tendances, à la pointe technologique. Avoir une bonne connaissance du passé est peut-être moins glamour, mais au moins aussi utile pour progresser, éviter de se retrouver face à des obstacles qu'une meilleure connaissance des expériences antérieures aurait permis de facilement contourner.

Les râleurs
sont les meilleurs

On ne se réjouira jamais assez de cette formidable étude publiée par Leadership IQ, un cabinet de conseil d'Atlanta aux États-Unis[1]. Les employés qualifiés de très engagés, prêts à se donner à 100 % pour leur entreprise, satisfaits de tout et en particulier de leur chef, sont aussi les plus mauvais. Leurs performances les situent dans le troisième groupe défini par Leadership IQ, celui des faibles. En revanche, les râleurs, les jamais contents, ceux qui en veulent toujours plus, sont au contraire les meilleurs.

Cette dernière catégorie doit-elle se réjouir de cette étude ? Au risque d'oublier de râler, et de perdre en compétitivité ? Sûrement pas. Il ne faudrait en effet pas conclure de l'étude qu'être performant implique d'être râleur. La relation n'est pas symétrique, au sens mathématique du terme. On peut être très impliqué, très motivé et aussi ultra-compétent.

Le problème est que, statistiquement, ces personnes dotées de toutes les qualités, c'est-à-dire efficaces, motivées, satisfaites, sont peu nombreuses car peu d'employeurs savent adopter un comportement adéquat à leur égard.

Les plus compétents quittent l'entreprise ou deviennent maussades car ils souffrent que leur travail ne semble pas apprécié à sa juste valeur. Il est conforme aux attentes de leurs supérieurs hiérarchiques qui ne leur manifestent donc aucune reconnaissance.

Les compétents voient en outre d'un très mauvais œil que les médiocres soient jugés à la même enseigne, ne serait-ce que parce que souvent les « bons » ont mis la main à la pâte pour compenser les défaillances de leurs collègues. Il arrive même que ces derniers soient encouragés, pour les inciter à s'améliorer. Ils sont tellement dévoués ! Un comble !

À tel point que « les mauvais ne réalisent même pas qu'ils le sont », indiquent les auteurs de l'étude. Ce qui ne fait que redoubler la frustration des « bons », qui se retrouvent à devoir travailler en équipe avec des personnes beaucoup moins efficaces, mais non reconnues comme telles.

Faute de savoir identifier ces erreurs de management, l'entreprise perd ses meilleurs éléments et diminue ses chances d'en attirer d'autres. Car si les « mauvais » n'hésitent pas à recommander l'entreprise à leurs amis et proches comme étant une société où « il fait bon travailler », les performants adoptent l'attitude inverse. Ils véhiculent une piètre image de la société.

Les mauvais esprits argueront que l'étude ne dit pas non plus que tous les râleurs sont forcément des ultra-compétents méconnus et qu'il peut y avoir aussi des nuls parmi eux. Nous préférons ne pas y penser !

Vertueuse culpabilité

On se sentait coupable de se sentir coupable. Cette éternelle impression que l'on aurait pu mieux faire, éviter une erreur – comme d'avoir blessé quelqu'un inutilement –, une gaffe, mieux se comporter vis-à-vis de nos collègues, collaborateurs, supérieurs hiérarchiques, empoisonnait doucement notre vie et celle de notre entourage. À la maison, comme au bureau, où la moindre remarque était facilement ressentie comme négative et nous rongeait les entrailles. Ce qui ne facilitait guère les relations avec les tiers. Nous savions que ce sentiment n'avait pas lieu d'être. Que la faute dont nous nous accusions n'avait pas de fondement ou était mineure, mais nous étions impuissants à en alléger notre conscience.

La bonne nouvelle est arrivée : les personnes qui culpabilisent facilement sont bourrées de qualités. Trois chercheurs, Taya Cohen et Nazli Turan, de l'université Carnegie Mellon, et Abigail Panter, de l'université de Caroline du Nord (États-Unis), en apportent la preuve[2]. Ils ont interrogé des milliers de personnes aux États-Unis pour établir ce constat, et prouver que plus les personnes culpabilisent facilement, plus elles sont honnêtes et humbles, plus leur comportement est éthique et responsable.

Alors qu'à l'inverse ceux que la culpabilité n'effleure pas, ou très peu, soit 30 % à 40 % de la population selon ces chercheurs, sont généralement malhonnêtes et arrogants. Leur comportement a plus de chances d'être contre-productif, de porter tort à leur entreprise.

Plus précisément, les culpabilisés chroniques sont plus compréhensifs, plus empathiques, soucieux des conséquences de leurs actes, souvent mieux organisés, perfectionnistes, prudents. Sans être moralistes, ils valorisent les attitudes et actions en ligne avec leurs principes moraux. On peut compter sur eux.

Repérer les qualités cachées

Alors que les autres ont tendance à être plus intolérants et moins fiables. Ils trichent lors de négociations, ne tiennent pas parole.

« Au travail, les employés qui culpabilisent facilement ont beaucoup moins d'attitudes contre-productives », notent les chercheurs. Ils n'arrivent pas en retard sans avoir demandé la permission, ne font pas de fausse déclaration d'arrêt maladie, ne chipent pas les fournitures, ne rudoient pas les clients. Entre autres. Ils ont certes souvent moins confiance en eux. Mais auraient aussi tendance à être moins dépressifs.

Les femmes culpabiliseraient davantage que les hommes ; et les adultes âgés davantage que les plus jeunes, affirment également les chercheurs.

En cette époque de scandales à répétition, que ce soit dans le domaine de la finance, de la politique, au sein de services publics ou dans des groupes privés, « les employeurs devraient prendre en considération la tendance à la culpabilité des candidats, pour les sélectionner », conseillent les chercheurs, spécialistes de la théorie des organisations. Et dans la vie privée, « les personnes en quête d'amis et d'amants au comportement éthique devraient rechercher ce trait de caractère chez leurs compagnes et compagnons », ajoutent-ils.

Ils ont bien raison !

« FRAPPOLOGIE »

Entre celui qui tape sur son clavier d'ordinateur comme sur un tambour, ou cet autre qui s'acharne sur sa souris, la faisant cliquer de façon démoniaque, tous les styles existent dans ces fosses d'orchestre que sont devenus les lieux de travail. Mais il sera bientôt nécessaire de contrôler son style. Non seulement par courtoisie pour ses voisins, mais aussi pour éviter de voir ses pires travers démasqués.

Après la graphologie, voici venue l'ère de la « frappologie ». Quiconque trouvera un meilleur néologisme pour qualifier cette discipline consistant à étudier la personnalité d'un individu par sa façon de manier son clavier d'ordinateur, sa souris ou l'écran tactile de son téléphone, est le bienvenu.

« Dis-moi comment tu tapes – sur ton clavier – et je te dirai qui tu es » : voilà ce qui nous attend.

Aux États-Unis, les recherches menées dans ce domaine le sont surtout à des fins militaires ou sécuritaires. La célèbre agence de recherche du ministère de la Défense, la Darpa, à qui l'on doit la création d'Internet, mène le bal. Richard Guidorizzi y dirige un programme de recherche d'« authentification active ». Son objectif est de trouver un moyen ne nécessitant pas de dispositif particulier, tels des lecteurs d'empreintes digitales, pour se substituer aux mots de passe requis pour accéder à un site. Car ce ne sont souvent que des protections illusoires. Faciles à mémoriser, ils sont, de ce fait, trop faciles à deviner.

En France, Christophe Rosenberger, professeur à l'École nationale supérieure d'ingénieurs (ENSI) de Caen, travaille sur le sujet. Pour identifier les acheteurs en ligne, à partir de leur téléphone portable, en particulier. Il s'intéresse aussi à la « biométrie douce », qui permet de connaître certains traits de personnalité. Ses recherches ont déjà prouvé que l'on peut savoir si c'est un homme ou une femme qui frappe, sans se tromper, neuf fois sur dix. « Dans les prochaines années, il sera possible d'analyser la personnalité d'un individu, comme le font les graphologues. Ce n'est pas de la science-fiction », assure-t-il.

La Commission nationale de l'informatique et des libertés (CNIL) a publié, en juillet 2011, un avis [3] autorisant « la reconnaissance de la frappe au clavier dans le cadre de démonstrations » comme système de « biométrie comportementale ». Une société, non identifiée, avait demandé cette autorisation, preuve que le sujet y est à l'étude.

Ce ne sont donc bientôt plus des lettres, mais des courriels de motivation, qui seront exigés. Et les frappologues, des professionnels recherchés.

GLOIRE AU RÉTROVISEUR !

Dans le monde des affaires, le rétroviseur a mauvaise presse. Ce miroir, qui permet de voir ce qui se passe derrière soi, capterait l'attention du pilote, à tel point qu'il lui ôterait toute vision d'avenir. Il l'empêcherait de discerner les marchés qui s'ouvrent, les technologies émergentes. Bref, il rendrait rétro… Injure suprême !

Curieuse pensée. Le rétro, peu en vogue, ne manque pourtant pas de vertus. Pascal Picq, paléo-anthropologue au Collège de France, s'en alarme. « L'histoire des krachs financiers est assez édifiante sur l'amnésie récurrente de la mémoire économique », affirme-t-il [4].

La seconde qualité du rétro est sa raison d'être : un outil idéal pour détecter, d'un coup d'œil, le concurrent, parti plus tard, mais sur le point de doubler. Les exemples abondent d'entreprises qui ne s'en sont pas assez servies. Tels les constructeurs d'ordinateurs, régulièrement dépassés par les inventifs de la génération suivante.

Le rétro avertit du danger et incite à évoluer. À s'adapter, à changer de route. À continuer de tenir sa place dans ce processus qu'un nombre croissant de chercheurs en management qualifie désormais de darwinien.

À défaut, l'espèce est menacée, comme le furent les dinosaures et les animaux préhistoriques.

C'est faute d'avoir compris les impératifs de l'évolution, et pour avoir trop longtemps estimé que le monde était linéaire, que les progrès enregistrés durant le demi-siècle de l'après-guerre allaient continuer éternellement, que les dirigeants n'auraient pas vu venir les perturbations devenues des crises, et les crises des catastrophes, poursuit M. Picq.

Utiliser son rétro permet de relire Darwin et d'équilibrer les quatre moteurs d'une évolution durable décrits par Paul R. Lawrence, professeur de sociologie des organisations, à la Harvard Business School. Quatre moteurs que sont le désir d'acquérir ; le désir de se défendre ; le désir de créer des liens durables ; et le désir de comprendre le monde qui nous entoure. Seuls les deux premiers ont fonctionné durant les dernières décennies, tant la création de valeur pour l'actionnaire était l'unique objectif des dirigeants.

Aujourd'hui, la satisfaction de toutes les parties prenantes, actionnaires, mais aussi salariés, clients, fournisseurs est devenue le nouveau credo. Trop tard pour éviter la casse. Faute d'un coup d'œil dans le rétro.

Chapitre 9

DÉCODER SON PDG

Ils sont parfois odieux, et il n'y a rien à faire pour tenter de les changer. Mais il peut aussi arriver que derrière une arrogance de façade, ou des décisions irrationnelles, un dirigeant cache des sentiments, des situations familiales, un passé qu'il est très utile de savoir décoder.

Si les affaires de cœur des uns et des autres n'ont ainsi théoriquement pas à interférer avec le comportement professionnel, c'est évidemment loin d'être le cas.

Aussi étonnant que cela puisse paraître, un PDG célibataire n'investit pas, ne recrute pas comme un père de famille modèle, ou comme un divorcé. Et connaître le nombre de ses enfants, et leur genre, masculin ou féminin, est bon à savoir pour discuter salaire.

En tout cas, contrairement à ce qui se dit parfois, exercer un poste à responsabilités n'est pas un sacerdoce. Le pouvoir rend heureux et est bon pour la santé. Aucune raison de se laisser maltraiter au prétexte qu'il faudrait excuser les sautes d'humeur d'un PDG fatigué.

Patron psychopathe

Mais comment fait-il donc pour se regarder dans la glace ? Qui ne s'est pas, au moins une fois, posé cette question face aux agissements hallucinants de certains dirigeants ? Manfred Kets de Vries, professeur à l'Insead, école de management internationale, connaît la réponse et la sert sur un plateau ciselé [1].

Il y a de fortes chances que le patron en question soit un psychopathe « léger ». Un « FDP », fou de patron, soit la traduction libre de SOB, Seductive Operational Bully, pour M. Kets de Vries – Son of a Bitch, pour les esprits malins ; en français, « fils de pute ».

Les patrons psychopathes ne se limitent pas aux quelques dirigeants scandaleux qui font la une des gazettes pour avoir provoqué des dégâts planétaires, et qui ont incité M. Kets de Vries à mener cette recherche. Ils sont nombreux et empoisonnent la vie de leurs subordonnés, voire mènent la société qu'ils dirigent à sa perte.

Les FDP sont des êtres apparemment normaux. « On les trouve là où le pouvoir, le statut social, l'argent sont des enjeux importants », décrit M. Kets de Vries. Leur carrière est souvent brillante, surtout dans des entreprises qui apprécient les personnes qui savent garder leur calme en toute situation. Ils ont l'esprit de compétition, de l'assurance et aiment prendre des risques. Pas étonnant qu'on les retrouve dans un grand nombre de cas.

Car les travers des FDP sont des atouts pour monter dans l'échelle hiérarchique. Les psychopathes légers sont souvent séducteurs, éloquents, très affables avec leurs interlocuteurs. Cela explique qu'ils soient environ quatre fois plus nombreux à des postes de direction fonctionnelle que dans la société en général, selon Robert Hare, chercheur en psychologie, spécialiste de la psychopathie [2].

Charmants avec leurs supérieurs, ils sont en revanche odieux avec leurs collaborateurs, qu'ils aiment dominer et humilier. Ils s'arrogent leurs travaux sans vergogne, quand ceux-ci sont loués ; mais leur font porter le chapeau, en cas de dégâts.

Quelques indices peuvent les trahir. Entre autres, ils sont incapables de travailler en équipe, ils sont des menteurs chroniques, et très peu émotifs. Et s'ils ne sont pas totalement incurables, il est très difficile de modifier leur comportement. Mieux vaut donc les identifier à temps, pour les empêcher d'agir. En écoutant les jeunes recrues, conseille M. Kets de Vries. Ce que les hiérarques français savent très mal faire, poursuit-il.

« La pire des situations est d'avoir un FDP comme PDG. Dans ce cas, mieux vaut prendre ses pertes, se préserver, et se faire embaucher ailleurs. » Facile à dire !

Affaires de cœur

Les rémunérations exorbitantes de certains dirigeants défraient la chronique. Que ce soit en raison de la grogne des actionnaires, ou de celle de la société indignée. Il est un moyen de prévenir les dégâts. Avant de nommer un nouveau patron, le conseil d'administration aurait intérêt à vérifier le nombre des épouses ou compagnes avec lesquelles il a déjà convolé. Parce que ce peut être un indicateur d'un besoin immodéré de fonds. Mais, aussi, parce que les affaires de cœur seraient corrélées à la qualité des décisions des PDG. Un homme divorcé une fois et remarié depuis serait le patron idéal, selon Jon Moulton, président du fonds d'investissement britannique Better Capital[3]. « Les dirigeants ayant divorcé une fois sont préférables aux autres, parce qu'ils sont plus motivés, ayant parfois besoin de reconstituer leur fortune. Il faut se méfier de ceux qui ont divorcé deux fois ; trois fois est une catastrophe. Je n'investis pas dans une société dont le PDG a divorcé trois fois », affirme-t-il.

On peut trouver des explications de bon sens à cette attitude. Les célibataires, sans enfant, prendraient des risques immodérés. À l'inverse, les hommes mariés une fois et une seule, chargés de famille, sont peut-être trop prudents. Tandis que les divorcés à répétition apparaissent comme des instables chroniques, aux relations tumultueuses préjudiciables à l'entreprise.

Les travaux de Nikolai Roussanov et Pavel Savor, deux chercheurs de la célèbre Wharton School de l'université de Pennsylvanie (États-Unis), confirment partiellement ce phénomène[4]. Ils ont comparé les résultats d'un échantillon de sociétés américaines cotées au regard du statut marital de leurs dirigeants, entre 1993 et 2008. Du résultat de leurs travaux, il ressort que les PDG célibataires investissent en moyenne 10 % de plus que les autres, et que le cours des actions de leur société est nettement plus volatil. Ce qui prouve qu'ils sont effectivement moins sensibles au risque, indépendamment de leur âge. L'étude ne donne en revanche pas d'indication sur les divorcés.

Dans le doute, l'étude ne portant que sur des hommes, et une autre publication ayant prouvé que ceux-ci pèchent davantage par excès de confiance que les femmes, mieux vaut donc embaucher l'une d'entre elles !

BAGUE AU DOIGT

Supposons que vous cherchiez un emploi, et que vous ayez à choisir entre deux entretiens avec un employeur potentiel. Car, pas de chance, ces rendez-vous sont fixés le même jour, à la même heure, sans modification possible. Les emplois proposés vous plaisent autant l'un que l'autre. Il faut donc choisir la rencontre qui a le plus de chances d'être fructueuse.

En examinant le profil du recruteur, par exemple.

Vous pouvez estimer que si l'un des deux a un cursus proche du vôtre, c'est avec celui-là qu'il faut prendre rendez-vous.

Un autre critère moins connu est à prendre sérieusement en considération. Il s'agit du statut marital. Mieux vaut que votre interlocuteur soit en couple, si vous l'êtes aussi. En revanche, avoir devant soi un célibataire, si vous ne l'êtes pas, est un cas de figure à éviter.

Trois chercheurs en psychologie, Kristin Laurin, de l'université Stanford (États-Unis), David Kille et Richard Eibach, de l'université de Waterloo (Canada) en apportent la preuve [5].

Ils ont mené une première enquête auprès de cent cinquante-quatre Américains, hommes et femmes, en couple et célibataires. Ils ont d'abord apprécié la stabilité de leur vie conjugale – ou de célibataire – à l'aide de plusieurs questions appropriées. Puis ils leur ont soumis le curriculum vitæ de candidats dont ils faisaient varier le statut marital. Les cobayes devaient les noter. Ce premier test a confirmé le biais des pseudo-recruteurs en faveur de personnes ayant adopté le même style de vie qu'eux, à compétences égales.

Les chercheurs livrent leur propre explication : « Nous avons tendance à évangéliser notre style de vie. À l'idéaliser. Il devient pour nous la norme de ce qu'il faut faire, ce qui nous permet de considérer que nous avons fait un choix rationnel. Nous avons tendance à préférer les gens qui ont adopté le même style de vie que nous, qu'ils soient en couple ou célibataires. »

La tendance qui nous pousse à nous entourer de nos semblables va loin. De nombreuses études ont pourtant prouvé qu'une trop grande homogénéité intellectuelle ou sociale est nuisible à double titre professionnellement. Parce qu'elle amoindrit la créativité, le brassage d'idées, et donc la productivité de l'entreprise. Et parce qu'elle bride le parcours professionnel des plus qualifiés.

On ne saurait inciter les candidats à truquer leur CV. En revanche, avant de rencontrer son éventuel futur patron, il serait judicieux de vérifier s'il faut mettre, ou non, la bague au doigt.

Cadeau de naissance

Le patron de l'entreprise vient d'avoir un enfant. Félicitations ! Mais faut-il vraiment s'en réjouir ? La bonne humeur du dirigeant, sa fierté d'être père, vont-elles se traduire positivement en espèces sonnantes et trébuchantes ?

Pour lui, sans aucun doute ! « Les PDG masculins se paient mieux après la naissance d'un enfant, surtout si c'est un garçon », constate David Ross, professeur à la Columbia Business School (New York), l'un des quatre auteurs d'une étude sur « Comment les enfants d'un patron masculin affectent les rémunérations de ses employés », parue dans le dernier numéro de la revue américaine *Administrative Science Quarterly*[6], et remarquée par le magazine britannique *The Economist*[7]. Ces dirigeants, par l'intermédiaire de leur conseil d'administration, s'octroient généreusement une augmentation de 6,4 %, en moyenne, si c'est un garçon ; et de 3,5 % si c'est une fille.

L'étude se fonde sur l'analyse salariale de toutes les entreprises danoises de plus de dix salariés, dirigées par des hommes, entre 1996 et 2006. Les chercheurs n'ont pas retenu les entreprises ayant des femmes à leur tête en raison de leur trop faible nombre, qui ne permettait pas d'établir des statistiques fiables.

Leur explication du phénomène est limpide : « Ce résultat est cohérent avec le désir d'un PDG d'engranger plus d'argent pour sa famille en devenant père. »

Mais quand les patrons boivent – à la naissance de leur rejeton –, les employés trinquent ! « Un PDG paie en moyenne moins bien ses employés après la naissance d'un fils ; cette naissance affecte davantage la rémunération des hommes que celle des femmes. La naissance d'une fille est moins préjudiciable que celle d'un garçon ; elle conduit même le PDG à augmenter les salaires de tous, si cette fille est son premier enfant », constatent les auteurs de l'étude. Parce que « la naissance d'une fille rend le père plus compréhensif à l'égard des femmes », estiment-ils. De fait, les patrons de grands groupes, conviés à exposer leurs actions en faveur de la mixité, par le réseau de femmes Grandes écoles au féminin, nous permettent de confirmer ce diagnostic !

La paternité des PDG serait donc un bon moyen de réduire l'écart de salaires entre les hommes et les femmes. « La naissance d'une fille aînée réduit l'écart de salaires de 3 % », a quantifié David Ross dans une autre étude, « Telle fille, tel père », publiée en 2011.

Il ne reste plus à ces PDG nouvellement sensibilisés à la cause féminine qu'à cesser de discriminer les femmes, voire à accorder des primes à celles qui donnent naissance à un enfant, au moment de répartir les augmentations. C'est le moment !

BRAS DE FER

La force physique serait un indicateur d'opinion. Un homme riche et doté de gros biceps serait, en moyenne, moins favorable aux politiques distributives qu'un autre, tout aussi riche, mais éternel perdant dans les parties de bras de fer.

« Comme si les conflits en matière de politiques économiques nationales étaient une affaire de confrontation physique entre un petit nombre d'individus, plutôt que le résultat d'une dynamique électorale concernant des millions de personnes », affirment deux chercheurs en psychologie, Michael Bang Petersen, de l'université d'Aarhus (Danemark), et Daniel Sznycer, de l'université de Californie (États-Unis)[8].

Les chercheurs ont interrogé des centaines de personnes aux États-Unis, en Argentine et au Danemark, et mesuré la taille de leurs biscoteaux pour parvenir à ce résultat.

Leur explication n'est pas aussi triviale qu'on pourrait le penser. Ce n'est pas parce qu'ils sont forts, aujourd'hui, que ces hommes riches et musclés n'ont guère envie de partager une fraction de leurs biens. Cet égoïsme remonterait à la nuit des temps, quand « la distribution ne se faisait pas dans les tribunaux ou les parlements, mais était le fruit d'un rapport de forces purement physique. Ce type d'attitude continue d'influencer nos comportements », estiment ces tenants de la psychologie évolutionniste, pour qui les comportements humains restent imprégnés de ceux développés par les ancêtres des hominidés.

La théorie s'applique aussi dans les relations de travail. Un autre chercheur américain, Aaron

Sell, actuellement à l'université Griffith, en Australie, a démontré que les costauds du buste sont plus enclins aux rapports de forces, plus colériques, plus bagarreurs [9]. Ils ont un sens exacerbé de ce qui leur est dû. L'esprit « collaboratif » tant prôné aujourd'hui ne serait pas leur fort. Au bureau aujourd'hui comme aux abords des cavernes hier.

Les chercheurs n'ont en revanche trouvé aucun lien entre la force physique des femmes et leur opinion en matière de redistribution. On se battait moins pour les fruits de la cueillette que pour chasser l'ours, sans doute !

Le pouvoir rend heureux

La solitude de la fonction, la lourdeur de la charge, les renoncements qu'elle implique sont invoqués pour justifier les émoluments conséquents de certains dirigeants. Pas du plus grand nombre, qui gagnait en moyenne 65 780 euros par an en 2010, selon l'Insee, pour diriger plus de 134 000 personnes. Mais des patrons de grands groupes, dont les rémunérations se chiffrent en millions d'euros par an.

Leurs arguments étaient déjà peu convaincants. Ils risquent de l'être encore bien moins.

Car, loin d'être source de souffrance, le pouvoir rend heureux, selon deux études récentes. En devenant PDG, on cumulerait tous les avantages : bonheur et argent.

Première raison : le pouvoir rend moins susceptible, moins sensible à l'échec, plus serein. Détenir le pouvoir est donc bien plus agréable que de le subir, quand rebuffades, embûches, humiliations blessent et attristent. Un travail de recherche, mené par Maya Kuehn, doctorante en psychologie à l'université Berkeley (Californie), le confirme [10]. « Quand les personnes en position de subordination essuient un refus, elles sont très négativement affectées et perdent confiance en elles. Alors que les dirigeants se remettent vite d'un léger échec », conclut Mme Kuehn après avoir mené plusieurs études fondées sur un panel de 445 participants, hommes et femmes, de dix-huit à quatre-vingt-deux ans.

Deuxième raison : être en position de pouvoir renforce l'impression d'être en accord avec soi-même, « de vivre selon ses désirs, en fonction de ses centres d'intérêts » et donc accroît le sentiment de bien-être, constate Yona Kifer, chercheur au département Comportement des organisations à l'université de Tel Aviv (Israël) [11]. En contradiction avec le cliché selon lequel « les puissants seraient misérables, contraints de forcer leur nature, alors que les sans-grade seraient plus authentiques et heureux », souligne Mme Kifer.

Quatre enquêtes menées pendant trois mois auprès de 350 participants confirment cette thèse. Les personnes interrogées ont quantifié leur sentiment de satisfaction, de bien-être, en fonction de plusieurs critères, comme l'enthousiasme, l'adéquation à ses propres valeurs, ainsi que leurs émotions négatives telles la peur ou la honte. La note de bien-être des participants en situation de pouvoir était de 16 % supérieure à celle des autres, en moyenne. Essentiellement parce qu'ils affirmaient se sentir plus en accord avec eux-mêmes.

Des arguments pour convaincre les meilleurs, et non forcément les plus arrogants, de prendre le pouvoir. Avec bonheur !

SANTÉ DE CHEF

On sait qu'être en bonne santé est un privilège de riche. La durée de vie est plus élevée dans les pays fortunés que dans les pays pauvres. Et dans une même nation, la France par exemple, on vit aussi plus longtemps dans les régions les mieux dotées en offres de soins : dans le Sud et à Paris. Normal.

Mais si l'on zoome encore davantage, non plus au niveau d'un pays, mais de ses entreprises, d'autres clivages étranges apparaissent qui n'ont alors plus rien à voir avec la disponibilité ou non d'une offre de soins adaptée. « Être en bas de l'échelle hiérarchique est mauvais pour la santé. » Les biologistes commencent à comprendre pourquoi [12].

Des études, dites de Whitehall (du nom de l'avenue qui héberge les ministères de Sa Majesté), menées depuis les années 1960 en Angleterre, avaient déjà démontré que, contrairement à une idée répandue, les dirigeants ne sont pas plus stressés que leurs subordonnés. Ou en tout cas, ils développent plutôt moins de maladies liées au stress, qu'il s'agisse de maladies cardiaques ou auto-immunes.

Il serait tentant d'expliquer cette situation en évoquant les conditions de vie, ou le statut social de ceux qui sont en bas de l'échelle hiérarchique, qui ne leur donnerait accès qu'à un suivi médical de moindre qualité.

Erreur ! révèle l'étude publiée par l'Académie des sciences des États-Unis, citée par *The Economist*. Le niveau hiérarchique marque physiquement les individus. Selon Jenny Tung et Yoav Gilad, du département de génétique humaine de l'université de Chicago, le niveau hiérarchique influence l'expression génétique dans certaines cellules essentielles au fonctionnement du système immunitaire [13].

Plus on est gradé, mieux le système fonctionne. À tel point qu'à partir d'une expérience menée sur des singes macaques, les chercheurs ont pu prédire le niveau hiérarchique de l'animal, en analysant le fonctionnement de l'expression de ses gènes, avec justesse dans 80 % des cas.

La situation est évolutive. Toute promotion améliore le système biologique du nouveau gradé.

Un résultat à méditer face à un choix de carrière. Par les femmes, en particulier, qui hésitent à prendre des responsabilités professionnelles par crainte de déstabiliser leur vie privée.

La promotion assure richesse et santé. À consommer, donc, sans modération.

Gènes d'investisseurs

« Donne-moi le plan de financement de ta société, et je te dirai qui tu es. » Les médecins chargés de veiller à la bonne santé de notre corps et de notre esprit vont devoir se former à la finance, pour affiner leur diagnostic. À la palette des examens radiologiques et autres analyses de sang, ils pourront ajouter le niveau d'endettement

– tant personnel que professionnel – de leurs patients, et la nature de leurs partenaires financiers – prêteurs ou investisseurs en capital. Non pour vérifier que ces patients sont bien solvables. Mais parce que, selon deux études récentes, nos comportements financiers dépendent non seulement de notre profil psychologique, mais aussi génétique. Dans certaines conditions, ces profils nous amènent à prendre les décisions d'investissement contraires à celles auxquelles doit conduire l'analyse théorique de données objectives, tels la rentabilité de l'entreprise ou son taux de retour sur investissement.

La première étude émane d'Ulrike Malmendier, professeur d'économie à l'université Berkeley (Californie), et de ses collègues Geoffrey Tate et Jon Yan [14]. Dans leur publication intitulée « Confiance en soi et enfance : l'influence du caractère des dirigeants sur la politique financière de l'entreprise », ils concluent que les « dirigeants trop sûrs d'eux font moins appel aux marchés financiers que la moyenne ». Mais, quand ils y sont contraints, ils préfèrent s'endetter plutôt que d'ouvrir leur capital, même si ce n'est pas rationnel. Parce qu'ils valorisent trop bien leur entreprise et, ainsi, n'arrivent pas à s'entendre avec d'éventuels nouveaux actionnaires sur le prix de leur participation. Il en est de même des personnes ayant vécu les premières années de leur vie en pleine crise économique. En revanche, c'est le contraire pour les dirigeants qui ont servi dans l'armée.

La seconde étude, « Gènes de la sérotonine, neuroticisme, et choix financiers », s'intéresse aux caractéristiques innées des investisseurs [15]. Pour Camelia Kuhnen, professeur de finance à l'Université Northwestern (Illinois), Brian Knutson, de Harvard (Massachusetts) et Gregory Samanez-Larkin, de l'université Vanderbilt (Tennessee), tous deux professeurs de neurosciences, les porteurs d'une certaine version du gène 5-HTTLPR, qui joue un rôle dans la régulation de la sérotonine, et donc sur notre état d'anxiété et notre humeur, investissent trop prudemment.

Les auteurs se veulent néanmoins rassurants. Connaître son profil génétique permet de modifier son comportement en conséquence… À condition, néanmoins, d'être aussi passé chez le psy auparavant, et d'avoir pris conscience des traumatismes de l'enfance !

HORS NORMES…

Les « têtes bien faites » tiennent le haut du pavé en entreprise. A contrario, celles qui ne sont pas dans la norme ont du souci à se faire, dit-on.

Les recruteurs, enseignants, candidats à un emploi et parents d'élèves vont pouvoir réviser leurs positions. Les « inadaptés », car trop turbulents, ou affligés d'une orthographe déplorable, ou encore hyper-renfermés, réussissent mieux que d'autres dans certaines professions. Et en particulier dans deux fonctions très en vogue : entrepreneur et informaticien, selon l'hebdomadaire britannique *The Economist*[16].

Les turbulents, qu'ils soient qualifiés d'« hyperactifs » ou qu'ils soient suspectés d'être atteints d'un trouble du déficit de l'attention (TDA), seraient plus enclins que les autres à créer leur entreprise, et souvent avec succès. Les conséquences de ce comportement, comme le fait de s'ennuyer rapidement et de ne pouvoir se concentrer longtemps sur une même tâche, sont alors des atouts. Papillonner, s'intéresser à des sujets variés, et être capable de passer facilement de l'un à l'autre rendrait plus créatif et davantage prêt à prendre des risques, ce qui est une force pour un entrepreneur.

Les dyslexiques, également mal notés dans les cursus classiques, et pénalisés à l'embauche faute de pouvoir écrire un texte correctement orthographié, sont aussi nombreux parmi les créateurs d'entreprises.

Julie Logan, professeur d'entrepreneuriat à la Cass Business School de Londres, a observé ce phénomène, dès 2007, et l'a confirmé depuis. Elle estime que 35 % des entrepreneurs sont dyslexiques aux États-Unis, et 22 % le sont gravement, un taux bien supérieur à celui qui prévaut en moyenne dans la population [17].

Leurs entreprises croissent plus vite. Car ils compensent leur « infirmité » en déléguant davantage, et en développant leur sens de la communication orale, qualité essentielle pour promouvoir leur société, trouver des financements, estime Mme Logan.

Quant aux êtres inaptes au dialogue, ils sont souvent d'excellents informaticiens. Le comportement quasi autistique des geeks – ces passionnés d'informatique – insupporte parfois leur entourage. Mais, en entreprise, leur productivité est louée.

On les voit certes mal à la tête d'un grand groupe. Il en est de même des dyslexiques, dont seulement 1 % parviendrait au sommet, selon Mme Logan. Mieux vaut donc effectivement être « normal » pour faire carrière dans une multinationale... ou ailleurs.

Chapitre 10

FRINGUES ET MOBILIER

L'habit ne ferait pas le moine. Mais le nombre de mètres carrés dont il dispose pour travailler fait le salarié.

Au siècle dernier, en plein boom industriel, et avant qu'automatisation et robotisation ne réduisent fortement la main-d'œuvre ouvrière, l'espace de travail identifiait clairement les classes sociales. Les bureaux de direction, spacieux et moquettés de haute laine, faisaient rêver la hiérarchie intermédiaire. Tandis que les forces directement productives travaillaient à la chaîne.

La tertiarisation des fonctions reproduit les mêmes principes. À un étage avantageux se retrouvent les bureaux de la direction générale, puis ceux de leurs subalternes. Les forces opérationnelles sont en revanche regroupées dans des bureaux paysagers. Mais alors que les chaînes de production répondaient au besoin bien précis de réaliser des tâches répétitives au plus vite et le plus efficacement possible, la mise en « open space » est contre-productive. Elle est dictée par un raisonnement financier simpliste et de court terme. Avec, pour effet secondaire, de mieux contrôler les individus et de leur laisser le minimum d'espace de liberté. Sous le prétexte fallacieux de favoriser la communication.

La crise, qui impose bouleversements et remises en cause, aura-t-elle pour vertu de changer ces règles ?

Que la conjoncture y soit ou non pour quelque chose, force est de constater que les principes vestimentaires se modifient. Après les tenues codifiées, costard-cravate pour les hommes, tailleur pour les femmes, les tenues décontractées popularisées dans la Silicon Valley ont petit à petit gagné de nombreux secteurs dans de nombreux pays. Mais le retour de balancier est en cours. Pour marquer la fin de la semaine, et l'imminence des réjouissances, on s'habille désormais pour les « formal Friday » sur la côte est des États-Unis.

Verra-t-on bientôt des cloisons, physiques, faire leur réapparition, pour tous ceux qui le souhaitent ?

Fringues et mobilier

Pour mieux se retrouver, et échanger, par désir et/ou besoin. Et être non seulement beau, mais aussi bien dans ses pompes.

BUREAU PAYSAGER

On n'aurait pu trouver plus joli nom. Le « bureau paysager » évoque espace, calme. Plus prosaïques, les Anglo-Saxons l'ont baptisé « open space », espace ouvert. Fini la solitude du bureau fermé, renfermé. On peut désormais travailler en équipe et deviser, à bon escient s'entend.

Des cabinets d'aménagement de bureaux s'en sont fait une spécialité. « Notre particularité est de placer l'homme au centre de la réflexion, l'espace servant alors les stratégies d'organisation et de management », n'hésite pas à proclamer cette semaine l'un d'entre eux. Mazette ! La productivité s'en trouverait améliorée tant « le bien-être » des collaborateurs – et donc leur « performance » – s'en ressent.

Ah bon ? Vraiment ?

La plupart des études menées sur le sujet prouvent le contraire. Donc inutile de culpabiliser. Si vous n'arrivez pas à vous concentrer quand l'un de vos voisins négocie au téléphone, traite de ses problèmes de garde d'enfants ou des maladies de ses vieux parents, c'est normal. Ou si le sentiment d'être écouté, contrôlé, limite votre conversation, bride votre parole, voire vous inhibe, et vous rend ainsi moins efficace.

Une conversation, même à voix basse, augmente de 30 % la proportion d'erreurs pour les voisins [1]. « Le bruit présent partout n'est pas seulement gênant, il est aussi délétère pour la mémoire à court terme. »

C'est pourquoi le bureau paysager tend à se métamorphoser en piste d'atterrissage peuplée d'agents, casque antibruit plaqué sur les oreilles. Ou en salle de concert virtuel, chacun écoutant le son de son choix grâce aux écouteurs branchés sur MP3. Plus discrets, ou plus soucieux d'esthétique, d'autres ont opté pour les boules Quies et autres bouchons acoustiques. La communication entre collaborateurs, tant recherchée, atteint alors des sommets.

Quand le téléphone de l'un de ces êtres dotés d'une armure antibruit sonne, c'est un peu la panique, pour peu que, par chance, il l'ait entendu. Il faut alors se défaire à vive allure des bouchons et autres prothèses.

Plus le niveau hiérarchique augmente, plus le nombre de personnes dans l'espace paysager diminue. Le prix du mètre carré en ferait-il autant ? Gustave-Nicolas Fischer, professeur de psychologie sociale à l'université de Metz, avance une autre explication [2]. « L'entassement est signe d'absence de pouvoir » et, inversement, la capacité à disposer d'un bureau à part est un signe hiérarchique puissant, écrivait-il en 1989.

Deux siècles après l'abolition des privilèges.

Accord bancal

L'importance, supposée, du mobilier de bureau dans les relations d'affaires ou les négociations avec ses collaborateurs est bien connue. Le fauteuil du supérieur hiérarchique, ou de celui qui est en position de client potentiel, doit être non seulement plus profond, doté d'un dossier plus imposant, mais aussi d'une assise plus élevée que celle du siège de son interlocuteur. Un tel dispositif met d'emblée celui qui reçoit en position de supériorité.

Si l'hôte ne veut pas qu'il en soit ainsi, s'il souhaite plutôt afficher bienveillance et modestie, il désigne d'un geste ample la table ronde, dite de réunion, située non loin, qui met chacun, physiquement, au même niveau.

Ou presque. Car les astuces ne s'arrêtent pas là. Les messages subliminaux que peuvent véhiculer chaises et tables sont plus nombreux qu'on ne le croit.

Ainsi une table ou une chaise un peu instable peuvent faire capoter la plus importante des négociations. Que ce soit dans son propre établissement mais aussi, plus fréquemment, au restaurant, où il est classique que les discussions se poursuivent.

Les arguments avancés par le protagoniste pour convaincre son interlocuteur n'y feront alors rien. Une table bancale transmet des valeurs du même acabit. Elle imprègne malgré eux l'esprit des participants de l'idée que l'autre est aussi instable, que sa proposition est branlante, peu fiable, peu durable. Bref, que l'accord proposé ne peut être que… bancal.

Trois chercheurs en psychologie de l'Université de Waterloo, au Canada, en ont fait la démonstration [3].

Ces chercheurs ont rassemblé 94 volontaires pour mener leur expérience. La moitié d'entre eux était installée à des tables très légèrement bancales ; pas les autres. Les chercheurs ont demandé à tous de juger de la longévité de couples célèbres. Les panelistes mal installés ont globalement estimé que ces couples étaient plus précaires que ne le pensaient les autres. Et quand des questions sur les valeurs les plus importantes à leurs yeux leur ont été posées, les « mal assis » ont mis en avant la stabilité des relations ; tandis que les autres disaient apprécier l'audace et l'esprit d'aventure.

Pour convaincre d'un nouveau projet, d'un nouvel investissement, mieux vaut donc vérifier le mobilier avant toute discussion, et quoi que chacun mette ensuite sur la table.

TABLE RASE

L'Internationale (la chanson) n'est plus d'actualité. Et pourtant, « du passé, faisons table rase » osent désormais dire (à défaut de chanter) des consultants en management. « Regardez un peu ce que font les personnes célèbres et faites l'inverse », préconisent Benjamin Chaminade, Armand Mennechet et Pierre-Yves Poulain [4]. « Méfiez-vous des TSEM, les "Toxiques car sûrs d'eux-mêmes", ajoutent-ils. L'échec est le grand frère du succès. »

Il faut donc révolutionner les règles du management. Car, pour réussir face à la concurrence mondiale, il faut être créatif, entend-on de tous côtés. Mais comment être créatif et conformiste à la fois ? Créatif, quand il s'agit de trouver de nouveaux produits, de nouvelles idées, de nouvelles méthodes. Conformiste, quand il est demandé de respecter les usages. Être diplômé de telle grande école, avoir une expérience conforme à celle du « profil de poste » établi.

Sans parler de la panoplie. « Très importantes, les chaussures », relevait récemment un chasseur de têtes. Cet attribut vestimentaire, fort utile, surtout quand il fait froid, joue un rôle statutaire essentiel. C'est aux chaussures, à leur marque, leur style d'un grand classicisme, la façon dont elles sont cirées, que l'on repère, dans certains cercles de pouvoir, les entreprises ou administrations, si la personne qui les porte est ou non fréquentable, digne d'intérêt – bref, de son monde.

Les valeureux candidats admissibles aux concours des écoles de commerce en savent quelque chose. Inutile de se présenter aux oraux sans costume, cravate et chaussures cirées, pour les messieurs. Robe et souliers « bon chic, bon genre » pour les dames. Cette situation de « double-bind », de double contrainte, ou injonction paradoxale, est fortement contre-productive, car paralysante, quand elle ne rend pas fou.

Pour être créatif, sans tomber dans la schizophrénie, mieux vaut donc changer les règles, les comportements, ébranler les idées préconçues. Le moment est propice car la crise incite aux remises en cause.

« Un des effets de la crise sera de tordre le bras aux entreprises pour les amener à un peu plus de réalisme dans leurs façons de faire », parie François Dupuy, sociologue [5]. Il décrit très finement les multiples relations « perdants-perdants » en cours dans les organisations. Il est donc urgent de les éliminer.

CHIC, C'EST VENDREDI !

Fini la mode des vendredis décontractés, qui impose à chacun, aux hommes en particulier, d'avoir une troisième garde-robe. Les « Casual Friday » importés des États-Unis, dans les années 1990, avaient popularisé un nouveau code. Celui consistant à troquer la panoplie classique du cadre d'entreprise – costume, cravate, chemise et chaussures cirées, pour les hommes – par une autre, plus informelle, mais néanmoins distincte de celle du week-end. Ni jean déformé ni tee-shirt vieillot. Mais pantalon de velours l'hiver et chino beige durant la belle saison. Pour marquer la transition entre travail et loisir, et proclamer : « *Thank God' It's Friday !* »

Fringues et mobilier

Ce qui était perçu comme non conventionnel hier l'est devenu aujourd'hui. Le balancier repart dans l'autre sens. Dans la Silicon Valley, où le « Casual » était tellement implanté qu'il était devenu une pratique quotidienne, la mode est maintenant au « Formal Friday »[6]. Costume-cravate le vendredi, pour les hommes ; et, l'on imagine, robe ou autre tenue élégante, pour les femmes.

Ce n'est cependant pas en Californie, mais à Boston, que ce mouvement serait né. L'agence de publicité digitale de la côte est américaine, The Barbarian Group, en serait l'instigateur. « L'entreprise aime toujours provoquer et bouleverser l'ordre établi », explique Kevin Chan, le directeur artistique de cette agence. Et quoi désormais de plus provocateur, dans une agence de pub, que d'arriver en complet veston ?

« Le nouveau cool, c'est d'être chic », explique ce directeur artistique d'un magazine branché parisien. Ce qui implique de porter la veste avec pochette, voire le costume trois pièces, et de chausser Weston ou Church... ou assimilés. Attachés-case et pardessus sont également les bienvenus. À l'instar des rappeurs américains qui, fortune faite, arborent costumes sombres et chemises blanches, entraînent les jeunes dans leur sillage, imposent un style festif mais chic, en fin de semaine, le vendredi, en harmonie avec le début des festivités du week-end.

Ceux qui, pendant des années, auront prêché que l'habit ne fait pas le moine, que l'on travaille tout aussi bien, voire mieux, en baskets, vont retrouver, dans la génération Y, leurs contradicteurs d'antan. « Les employés sont plus productifs quand ils sont bien habillés », ose affirmer Lydia Ramsey, une experte en « bonnes manières », citée par le *Wall Street Journal*.

Les clichés, que l'on croyait remisés, refont surface ! En costume, « je me sens comme un banquier… et je veux produire », ajoute le jeune PDG d'une société de logiciels. Retour à la case départ.

SURFACE CORRUPTRICE

Dans les bureaux cloisonnés, le nombre de mètres carrés alloués signe le pouvoir de l'occupant. Mais pas seulement, comme l'ont démontré Andy Yap, professeur à la Sloan School of Management du Massachusetts Institute of Technology, et Dana Carney, professeur de l'université de Berkeley (Californie) [7].

Les environnements spacieux nuisent à l'intégrité de ceux qui les habitent. Non seulement le pouvoir corromprait, comme certains le pensent, sans faire néanmoins l'unanimité. Mais en outre, le pouvoir donne accès à de grands espaces de travail, qui, en eux-mêmes, influencent – et dans le mauvais sens – la moralité de leurs occupants.

La gestuelle d'un individu qui écoute son interlocuteur, affalé sur une chaise ou un fauteuil, étirant ses jambes sans aucun respect pour celui ou celle dont il barre ainsi le chemin, illustre d'ailleurs ce phénomène. En occupant plus d'espace, il se sent ainsi plus puissant. Et agit comme tel.

Pour prouver le lien de cause à effet, entre mètres carrés et intégrité, les chercheurs se sont livrés à trois expériences, auprès d'une centaine de personnes. Dans la première, les cobayes se voyaient imposer de prendre une pose spécifique, repliée, bras croisés, ou, au contraire, relâchée. Et ils ont été confrontés, sans le savoir, à une situation où ils pouvaient ou non tricher : rendre ou non la monnaie à l'expérimentateur qui les avait payés plus que prévu. Résultat : ceux qui étaient dans des positions relax ont davantage triché que les autres.

Dans la deuxième expérience, les cobayes n'avaient plus une posture contrainte, mais disposaient de bureaux de taille plus ou moins grande.

Le résultat a été le même. Plus le bureau était grand, plus son habitant trichait.

La troisième expérience était menée au volant d'une voiture. L'hypothèse fut confirmée. Ceux qui étaient installés dans des véhicules plus confortables ont été plus nombreux à stationner n'importe comment.

La démonstration de M. Yap et de Mme Carley est troublante. Pour éviter que des délinquants en puissance ne cèdent à la tentation, mieux vaut donc ne pas leur en laisser la place.

Sans en conclure que serrer les gens comme des sardines garantisse leur intégrité !

Postface

Nous sommes en 2024. Voici ma nouvelle préface pour la réédition des *Râleurs sont les meilleurs*.

« On ne parle que des trains qui arrivent en avance. » Ce principe désormais inculqué aux apprentis journalistes fait des ravages.

Les informations publiées dans les médias de toute nature font la part belle aux expériences réussies. Pour qu'elles profitent aux autres. On ne partage plus seulement son appartement, sa voiture, son vélo, mais aussi ses connaissances, surtout si elles sont positives et permettent de mieux vivre « en boîte ».

Car contrairement à ce qui pouvait être dit au début des années 2000, il est désormais admis par tous que ne sélectionner que les mauvaises nouvelles tue l'information. Et que, pour sortir d'une période difficile, comme le fut la crise des années 2010, il faut rassembler les énergies, stimuler la créativité, et non s'enfoncer chaque jour davantage dans la sinistrose.

Certes, positiver à tout crin n'est pas plus malin. Car pas crédible non plus. Tout est une question d'équilibre. Il en est de même de l'utilisation des technologies. Les utiliser avec excès provoque des effets pervers. Ainsi celles facilitant le télétravail n'ont pas supprimé les bureaux pour autant. Les êtres humains ont besoin de se rencontrer pour échanger. Le phénomène est devenu patent dès lors que les liaisons virtuelles se sont multipliées.

D'autant qu'hommes et femmes, esprits rationnels et éduqués, ont tiré les leçons des études scientifiques publiées dix ans plus tôt. Leurs conditions et relations de travail se sont donc grandement améliorées. Des espaces ouverts favorisent le travail en groupe, les échanges informels. Ceux qui veulent se concentrer ont à leur disposition des salles de silence très bien équipées.

Les réunions sont efficaces. Le savoir-vivre 2.0 est entré dans les mœurs. Plus personne n'ose se présenter un œil ouvert, l'autre baissé sur l'écran de son outil électronique quel qu'il soit. Chacun souhaite organiser son temps au mieux. Personne ne cherche à faire du zèle, à rester sur son lieu de travail plus que nécessaire. Car chacun sait que le présentéisme fait des ravages, et qu'il est préférable d'avoir une vie professionnelle équilibrée. Traîner jusqu'à des heures indues est plutôt mal vu, que l'on soit homme ou femme, la mixité étant généralisée, à tous les niveaux.

En revanche, personne ne s'offusque d'en voir un autre traîner, rêver. Car chacun sait que ces pauses sont essentielles à la créativité.

Les techniques de méditation, de recentrage font partie de la vie courante. Les gens s'écoutent. Il est d'usage de limiter les échanges téléphoniques, conférences en ligne, l'utilisation des réseaux sociaux, le jeudi. Car c'est un jour dit « de la conversation » durant lequel chacun s'efforce d'échanger verbalement, en face à face. En prenant le temps.

Être en permanence stressé, en raison d'échéances de très court terme, de travaux à faire dans l'heure, dans la soirée, au petit matin, est exceptionnel. Les conséquences économiques de tels comportements et modes de raisonnement ont tellement prouvé leurs effets néfastes qu'il n'est plus du tout recommandé d'agir ainsi.

Les générations se côtoient et se respectent. Les Y sont aux manettes. Ils savent décoder leur PDG et leurs collègues. Et ont tous les éléments pour ne pas tomber eux-mêmes dans les pièges. Comme de s'augmenter indûment à la naissance de leur premier enfant mâle, tout en réduisant la masse salariale de leurs subordonnés. Ils auraient trop peur de déclencher l'hilarité généralisée.

« Patron psychopathe » est devenu un oxymore. Cette variété n'existe plus. Chacun sait décoder à temps les manœuvres perverses de ce type d'individus. Il ne leur est donc plus possible d'avoir autorité sur quiconque. Ils ne peuvent plus nuire. Les patrons ne sont plus psychopathes ; et inversement.

Et pourtant, malgré cette ambiance paradisiaque, il existe encore des râleurs. Heureusement ! Sinon comment pourrait-on encore progresser ? Car décidément, aujourd'hui comme hier, ce sont bien eux les meilleurs !

NOTES ET RÉFÉRENCES

Chapitre 1

1. *Wall Street Journal*, 4 avril 2012 : http://online.wsj.com/article/SB10001424052702303816504577305820565167202.html
2. http://www.lemonde.fr/societe/visuel/2013/04/04/a-l-heure-de-la-pause-l-intimite-du-travail_1853770_3224.html
3. http://www.forbes.com/sites/susanadams/2012/06/18/eight-ways-goofing-off-can-make-you-more-productive/
4. http://www.sciencedaily.com/releases/2011/02/110208131529.htm
5. http://presse-inserm.fr/comment-le-cerveau-decide-quand-on-doit-faire-une-pause/6347/

Voir aussi :

http://ergo.berkeley.edu/docs/2010%20Taylor%20Work.pdf
http://books.google.fr/books/about/The_Experience_of_Nature.html?id=7l80AAAAIAAJ&redir_esc=y
http://www.pnas.org/content/108/17/6889

6. *Psychologies*, 13 novembre 2012.
7. https://e-meetings.verizonbusiness.com/global/en/meetingsinamerica/uswhitepaper.php

8. http://tryane.com/wp-content/uploads/2012/11/Concept-Tryane-W692-H327.png

9. http://www.bain.com/publications/insights-search.aspx?q=meetings

10. « *Blank Checks : Unleashing the Potential of People and Businesses* », Sanjay Khosla et Mohanbir Sawhney, Strategy + business, 6 août 2012. http://www.strategy-business.com/article/00124?gko=4f2f2

11. Liberté & Cie, *Quand la liberté des salariés fait le bonheur des entreprises* (Fayard).

12. http://wellcom.fr/presse/regus/2013/07/collaborateurs-francais-travail-vacances/

13. http://www.visconti-coaching.com/wp-content/uploads/2013/06/Visconti-N8-Les-vacances-du-dirigeant.pdf

14. http://www.roberthalf.fr/retour-vacances-retour-travail

Chapitre 2

1. Enquête de l'Atelier BNP Paribas/IFOP, 11 octobre 2011, http://fr.slideshare.net/latelier/les-nouvelles-formes-dengagement-des-salaries-9554020

2. « *When employees stop talking and start fighting : the detrimental effects of pseudo voice in organisations* », Gerdien de Vries, Bart Terwel, Karen Jehn, *Journal of Business Ethics*, juillet 2011. http://www.deepdyve.com/lp/springer-journals/when-employees-stop-talking-and-start-fighting-the-detrimental-effects-zO6XXVIJI5

3. *The executive's guide to better listening*, Bernard T. Ferrari, McKinsey Quarterly, février 2012. http://www.mckinsey.com/insights/leading_in_the_21st_century/the_executives_guide_to_better_listening

4. « *Great Ideas Bosses Never Hear* », Ethan Burris, *Wall Street Journal*, 28 novembre 2012, http://online.wsj.com/article/SB10000872396390443819404577635740959514600.html

Notes et références

5. « *Debunking Four Myths About Employee Silence* », James R. Detert, Ethan R. Burris et David A. Harrison, *Harvard Business Review*, juin 2010, http://hbr.org/2010/06/debunking-four-myths-about-employee-silence/ar/1

6. « *Want More Creative Employees ? Look to Your Company's Management* », Jeremy Simon, *Big Ideas in Business*, University of Texas, 1er octobre 2012, http://www.texasenterprise.utexas.edu/article/company-manager-creative-employees

7. *Creating people advantage*, Boston Consulting Group (BCG) et l'Association européenne de gestion de personnel (EAPM, 2011) http://www.bcg.com/documents/file87639.pdf

8. *Global Employment Trends for Youth : 2011*, Organisation internationale du travail, http://www.ilo.org/empelm/pubs/WCMS_165455/lang-fr/index.htm

9. « *The Flight From Conversation* », Sherry Turkle, *New York Times*, 21 avril 2012, http://www.nytimes.com/2012/04/22/opinion/sunday/the-flight-from-conversation.html?pagewanted=all

10. « *Why Music Makes Our Brain Sing* », Robert Zatorre et Valorie Salimpoor, *New York Times*, 7 juin 2013.

11. Voir « La symphonie neuronale », Aude Olivier, *Le Journal du CNRS*, juin 2007, http://www2.cnrs.fr/presse/journal/3451.htm

12. « *Effects of music on cardiovascular reactivity among surgeons* », Karen Allen et Jim Blascovich, 1994, http://jama.jamanetwork.com/article.aspx?articleid=379309

13. « *Disliked music can be better for performance than liked music* », Nick Perham et Martinne Sykora, *Applied Cognitive Psychology*, janvier 2012, http://onlinelibrary.wiley.com/doi/10.1002/acp.2826/abstract

14. 7e « Profil financier du CAC 40 », Ricol Lasteyrie, 27 juin 2013, http://www.ricol-lasteyrie.fr/doc/CAC%2040/Communique%20de%20presse%20Profil%20CAC%2040%202013.pdf

15. *L'aspiration au travail bien fait*, Yves Clot, école de Paris du Management, 20 septembre 2012, http://ecole.org/fr/seances/SEM673

16. Santé et sécurité au travail, Randstad. http://lemagrh.randstad.fr/sante-et-securite-au-travail-les-chiffres-cles/

17. « *Is This How You Really Talk ?* », Sue Shellenbarger, *Wall Street Journal*, 23 avril 2013, http://online.wsj.com/article/SB10001424127887323735604578440851083674898.html

Chapitre 3

1. « *First impressions* », Janine Willis et Alexander Todorov, *Psychological Science*, http://pss.sagepub.com/content/17/7/592.abstract

2. Nathalie George, directrice du centre de recherche Cogimage, neurosciences cognitives et imagerie cérébrale (CRICM) du CNRS, http://cogimage.dsi.cnrs.fr/perso/ngeorge/ngeorge.htm

3. « *Bright, bad, babyfaced boys : appearance stereotypes do not always yield self-fulfilling prophecy effects* », Leslie Zebrowitz, *Journal of personality and social psychology*, novembre 1998, http://www.ncbi.nlm.nih.gov/pubmed/9866189

4. *Quand vos gestes parlent pour vous*, Sébastien Bohler, Dunod, 2012.

5. *Orchestrer la rumeur*, Laurent Gaildraud, Eyrolles, 2012.

6. « *The advantages of being unpredictable : How emotional inconsistency extracts concessions in negotiation* », Marwan Sinaceur, *Journal of Experimental Social Psychology*, mai 2013, http://www.sciencedirect.com/science/article/pii/S0022103113000243#af0020

« *Madness and the Delicate Art of Exercising Power in Negotiating* », Marwan Sinaceur, Insead knowledge, 8 juillet 2013, http://knowledge.insead.edu/leadership-management/organisational-behaviour/madness-and-the-delicate-art-of-exercising-power-in-negotiating-2532?utm_source=INSEAD+Knowledge&utm_

Notes et références

4. « *The loss of power : How illusions of alliance contribute to powerholders' downfall* », Sébastien Brion et Cameron Anderson ; *Organizational Behavior and Human Decision Processes*, Volume 121, Issue 1, mai 2013, http://www.sciencedirect.com/science/article/pii/S0749597813000186

5. « Sondage : les challengers gagnent du terrain », Raphaëlle Besse Desmoulières et David Revault d'Allonnes, *Le Monde*, 7 mars 2012.

6. *Essai sur le don*, Marcel Mauss, PUF, 2007.

7. « *Managing Yourself : A Smarter Way to Network* », Rob Cross et Robert Thomas, *Harvard Business Review*, juillet 2011, http://hbr.org/2011/07/managing-yourself-a-smarter-way-to-network

8. « Quel travail voulons-nous ? » Radio France, 23 janvier 2012. http://www.franceinter.fr/emission-le-telephone-sonne-les-resultats-de-l-enquete-lancee-par-radio-france-aupres-de-ses-auditeurs.

Chapitre 5

1. « *Should You Eat While You Negotiate ?* », Lakshmi Balachandra, *Harvard Business Review*, 29 janvier 2013 http://blogs.hbr.org/cs/2013/01/should_you_eat_while_you_negot.html?referral=00056&cm_mmc=hbd-_-syndication-_-HBSExecEd-_-2010&spMailingID=4924051&spUserID=NTIzNTA5MTgzMzIS1&spJobID=151503871&spReportId=MTUxNTAzODcxS0

2. « *Self-control relies on glucose as a limited energy source : willpower is more than a metaphor* », Matthew Gailliot et Roy Baumeister, *Journal of personality and social psychology*, http://www.docstoc.com/docs/35869529/self-control-depletion-is-caused-by-glucose

3. « *Labor, management, and food* », James Vicary, *Harvard Business School*, 1948.

4. *Système 1, Système 2, les deux vitesses de la pensée*, Daniel Kahneman, Flammarion, 2012.

5. « *Interaction, Identity and Collocation. What Value Is a Corporate Campus ?* », Franklin Becker, William Sims et Johanna Schoss http://citeseerx.ist.psu.edu/viewdoc/download?doi=10.1.1.83.5734&rep=rep1&type=pdf

6. « *Health, Absence, Disability, and Presenteeism. Cost Estimates of Certain Physical and Mental Health Conditions Affecting U.S. Employers* », Ron Goetzel, http://crywolfproject.org/sites/default/files/Presenteeism__Cornell_Study.pdf

7. Quatrième baromètre de Alma Consulting, septembre 2012. http://www.almacg.fr/fileadmin/webmaster-media/espace-presse/communiques-de-presse/2012/almacg-cp-barometre-absenteisme-040912.pdf

8. « *Data smog, Surviving the Information Glut* », David Shenk, Harper One.

9. « Les 7 péchés capitaux du mail ? », Fernando Lagrana, InfoDSI, 24 novembre 2011, http://www.infodsi.com/articles/125773/7-peches-capitaux-mail-fernando-lagrana-professeur-auxiliaire-management-webster-university-geneve.html

10. « *Recovering from information overload. Always-on, multitasking work environments are killing productivity, dampening creativity, and making us unhappy* », Derek Dean et Caroline Webb, *McKinsey Review Quarterly*, janvier 2011, http://www.mckinsey.com/insights/organization/recovering_from_information_overload

11. « *Cyberloafing at the workplace : gain or drain on work ?* », Vivien K.G. Lim et Don J.Q. Chen, Behaviour & Information Technology, 2009, http://bschool.nus.edu/departments/ManagementNOrganization/publication/VLimpublist/LIMChen(2009)%20Cyberloafing%20at%20the%20workplace-BIT.pdf

12. « *The IT way of loafing on the job : cyberloafing, neutralizing and organizational justice* », Vivien Lim, *Journal*

of Organizational Behavior, http://bschool.nus.edu/Staff/bizlimv/publications/Lim%20(JOB%202002).pdf

13. « *Being Bored at Work Can Make Us More Creative* », Sandi Mann et Rebekah Cadman, Conférence annuelle du département de psychologie du travail de la British Psychological Society, Chester (Royaume-Uni), 19 janvier 2013, http://www.sciencedaily.com/releases/2013/01/130108201517.htm

14. « *Honesty requires time (and lack of justifications)* », Shaul Shalvi, Ori Eldar et Yoella Bereby-Meyer, *Psychological Science*, 2013, http://www.psychologicalscience.org/index.php/news/releases/when-do-we-lie-when-were-short-on-time-and-long-on-reasons.html

Chapitre 6

1. « *The Financial Costs of Sadness* », Jennifer S. Lerner, Ye Li et Elke U. Weber, *Psychological Science*, 2013, http://scholar.harvard.edu/files/jenniferlerner/files/financial_costs_of_sadness.pdf

2. *Psychologie Magazine*, novembre 2011.

3. *How*, Dov Seidman, Dunod, 2011.

4. *Analyse des codes éthiques des sociétés du CAC 40*, Christophe Roquilly, http://www.afje.org/RisquesEtEthique-CRoquilly.pdf

5. Rapport « Mal-être au travail », OCDE, 12 décembre 2011, http://www.oecd.org/fr/emploi/emp/49230890.pdf

6. « *Group settings can diminish expressions of intelligence, especially among women* », Read Montague, Virginia Tech Carilion Research Institute, http://research.vtc.vt.edu/news/2012/jan/22/group-settings-can-diminish-expressions-intelligen/

7. *Are You Becoming « Clique-ish ? »*, Insead Knowledge, 2013, http://knowledge.insead.edu/leadership-management/organisational-behaviour/are-you-becoming-clique-ish-2392

8. « Le rire, cette arme de management redoutable », Jawad Mejjad, Centre d'études sur l'actuel et le quotidien (CEAQ) à l'université Paris-V-Sorbonne, Atlantico.fr, 2 janvier 2012, http://www.atlantico.fr/decryptage/rire-entreprises-relations-professionnelles-diktat-jawad-mejjad-256372.html

9. « *Prozac leadership and the limits of positive thinking* », David Collinson, *Leadership*, mai 2012, http://lea.sagepub.com/content/8/2/87.abstract

10. « *The French way of work* », *The Economist*, 19 novembre 2011, http://www.economist.com/node/21538733

11. *The Antidote : Happiness for People Who Can't Stand Positive Thinking*, Oliver Burkeman, Faber & Faber, 2012, non traduit.

12. « *Positive fantasies about idealized futures sap energy* », Heather Barry Kappes et Gabriele Oettingen, *Journal of Experimental Social Psychology*, juillet 2011, http://www.psych.nyu.edu/oettingen/Barry%20Kappes,%20H.,%20&%20Œttingen,%20G.%20(2011).%20JESP.pdf

13. *The Positive Power of Negative Thinking : Using Defensive Pessimism to Manage Anxiety and Perform at Your Peak*, Julie Norem, Basic Books.

14. Baromètre du bien-être (et mal-être) au travail, Mozart Consulting, 2012, http://www.anact.fr/portal/pls/portal/docs/1/10422379.PDF

15. « *How leaders kill meaning at work* », Teresa Amabile et Steven Kramer, *McKinsey Quarterly*, premier trimestre 2012, http://www.mckinsey.com/insights/leading_in_the_21st_century/how_leaders_kill_meaning_at_work

16. « *Is There Life After Work ?* », Erin Callan, *New York Times*, 9 mars 2013, http://www.nytimes.com/2013/03/10/opinion/sunday/is-there-life-after-work.html?_r=0

17. « *The Real Women's Issue : Time* », Jody Greenstone Miller, *Wall Street Journal*, 11 mars 2013. http://online.wsj.com/article/SB10001424127887324678604578342641640982224.html

Notes et références

18. « *Work-life balance is not just for women* », Andrew Hill, *Financial Times*, 11 mars 2013, http://www.ft.com/intl/cms/s/0/433c196e-8a35-11e2-bf79-00144feabdc0.html#axzz2ŒuUtvle

19. « *Inequality at work : the effect of peers salaries on job satisfaction* », David Card, Alexandre Mas, Enrico Moretti, Emmanuel Saez, novembre 2011, http://www.princeton.edu/~amas/papers/card-mas-moretti-saezAER11ucpay

20. « *Younger workers share salary secrets* », *Wall Street Journal*, 22 avril 2013, http://online.wsj.com/article/SB10001424127887324345804578426744168583824.html

Chapitre 7

1. Étude interne du journal *Le Monde*. Et « Rapport sur l'image des femmes dans les médias », Michèle Reiser, Brigitte Gresy, http://www.ladocumentationfrancaise.fr/rapports-publics/084000614/index.shtml

2. *Guide pour une évaluation non discriminante des emplois à prédominance féminine*, Défenseur des droits, http://www.defenseurdesdroits.fr/sites/default/files/upload/guide-salaire-egal-travail-valeur-egale.pdf

3. *Women matters 2012 : Making the breakthrough*, McKinsey, http://annazavaritt.blog.ilsole24ore.com/files/women_matter_mar2012_english.

4. « Femmes et pouvoir », 12 octobre 2012. « *Women and Their relationship to power* », Essec et Boyden, http://www.boyden.com/media/7147/44/women_and_their_relation/index.html

5. « Quelques données statistiques récentes sur les familles et leurs évolutions récentes », Haut Conseil de la famille (HCF), octobre 2012, http://www.hcf-famille.fr/IMG/pdf/Donnees_familles_1010-2.pdf

6. « Le partage des tâches parentales : les pères, acteurs secondaires », Carole Brugeilles et Pascal Sebille, *Informations*

sociales, mars-avril 2013, http://www.cairn.info/revue-informations-sociales-2013-2-page-24.htm

7. « La parentalité masculine en entreprise », Enquête Équilibres et LH2, Pascale Pitavy, http://www.cairn.info/article.php?ID_ARTICLE=INSO_176_0128

8. Women Matter 2012, McKinsey, http://annazavaritt.blog.ilsole24ore.com/files/women_matter_mar2012_english

9. *Le Monde Eco & Entreprise*, 15 janvier 2013, http://abonnes.lemonde.fr/economie/article/2013/01/14/sur-le-marche-de-l-emploi-aussi-les-homosexuels-doivent-lutter-contre-les-discriminations_1816641_3234.html

10. « Moins égaux que les autres ? Orientation sexuelle et discrimination salariale en France », Thierry Laurent et Ferhat Mihoubi, https://sites.google.com/site/profthierrylaurent/publications-travaux/Moins%20%C3%A9gaux%20que%20les%20autres%20-%20Orientation%20sexuelle%20et%20discrimination%20salariale%20en%20France.pdf?attredirects=0

11. « *Does Homophily Affect Performance ?* », Gokhan Ertug et Martin Gargiulo, http://hamburgsunbelt2013.files.wordpress.com/2013/05/abstracts.pdf

12. « Quels dirigeants, quelles dirigeantes pour demain ? » Étude Sociovision Cofremca pour Grandes écoles au féminin (GEF), janvier 2012, http://www.grandesecolesaufeminin.fr/pdf/Presentation-5eme-Etude-GEF-21022012.pdf

13. Étude TNS Sofres, réalisée pour GDF Suez, septembre 2011.

14. « *Keep on trucking. Why the old should not make way for the young* », *The Economist*, 11 février 2012. http://www.economist.com/node/21547263

15. « *Hiring as cultural matching : the case of elite professional firms* », Lauren Rivera, Northwestern University (États-Unis), *American Sociological Review*, décembre 2012, http://asr.sagepub.com/content/77/6/999

Notes et références

16. *The peacemongers*, Thomas Vasek, *Think : act*, revue de la société de conseil Roland Berger, p. 12-13, février 2013, http://www.rolandberger.com/media/pdf/Roland_Berger_ta18_Comeback_E_20130627.pdf

Chapitre 8

1. « *Job Performance Not a Predictor of Employee Engagement* », Leadership IQ, https://www.leadershipiq.com/whitepapers/job-performance-not-a-predictor-of-employee-engagement/ Cette étude a été critiquée par Gallup : « *No, Low Performers Are Not More Engaged Than High Performers* », Jim Harter, http://thegallupblog.gallup.com/2013/04/no-low-performers-are-not-more-engaged.html
2. « *Guilt proneness and moral character* », Taya Cohen, Nazli Turan et Abigail Panter, Current Directions, in *Psychological Science*, juin 2012, http://cdp.sagepub.com/content/21/5/355.short
3. « Biométrie comportementale : la reconnaissance de la frappe au clavier autorisée dans le cadre de démonstrations », CNIL, juillet 2011, http://www.cnil.fr/linstitution/actualite/article/article/biometrie-comportementale-la-reconnaissance-de-la-frappe-au-clavier-autorisee-dans-le-cadre-de/
4. *Un paléoanthropologue dans l'entreprise. S'adapter et innover pour survivre*, Pascal Picq, Eyrolles, 2011.

Chapitre 9

1. « *The Psychopath in the C-Suite. Redefing the SOB* », Manfred Kets de Vries, Insead Working paper, 2012, http://www.insead.edu/facultyresearch/research/doc.cfm?did=50923
2. « *Corporate psychopathy : Talking the walk* », Paul Babiak, Craig S. Neumann, Robert D. Hare, *Behavioural Sciences and the law*, avril 2010, http://onlinelibrary.wiley.com/

doi/10.1002/bsl.925/abstract;jsessionid=D143D6884B038BEA22F50DB7F35E6EAB.d04t01

3. *The Secret of CEO's* (*Les Secrets des PDG*), Steve Tappin et Andrew Cave, éd. Nicholas Brealey, 2008.

4. « *Status, marriage, and managers' attitudes to risk* », Nikolai Roussanov et Pavel Savor, National Bureau of Economic Research (NBER), mars 2012, http://papers.ssrn.com/sol3/papers.cfm?abstract_id=1787381

5. « *How You Treat Others May Depend on Whether You're Single or Attached* », Kristin Laurin, David Kille et Richard Eibach, *Psychological Science*, 2013, http://www.psychologicalscience.org/index.php/news/releases/how-you-treat-others-may-depend-on-whether-youre-single-or-attached.html

6. « *Fatherhood and Managerial Style : How a Male CEO's Children Affect the Wages of His Employees* », Michael S. Dahl, Cristian L. Dezsö, David Gaddis Ross, *Administrative Science Quarterly*, 2012, http://asq.sagepub.com/content/early/2012/10/31/0001839212466521

7. « *Bosses and fatherhood. Of corner offices and cribs. When your boss has a baby, watch your wallet* », *The Economist*, 24 novembre 2012, http://www.economist.com/news/business/21567082-when-your-boss-has-baby-watch-your-wallet-corner-offices-and-cribs

8. « *The Ancestral Logic of Politics : Upper-Body Strength Regulates Men's Assertion of Self-Interest Over Economic Redistribution* », Michael Bang Petersen et Daniel Sznycer, *Psychological Science*, mai 2013, http://www.cep.ucsb.edu/papers/2013Petersen_PsychologicalScience.pdf

9. « *Formidability and the logic of human anger* », Aaron Sell, John Tooby et Leda Cosmides, Procceding of the National Academy of Sciences of the United States of America, 2009, http://www.pnas.org/content/106/35/15073.short

10. « *Powerful people better at shaking off rebuffs, bonding with others* », au sujet de la recherche de Maya Kuehn, janvier

2013, http://newscenter.berkeley.edu/2013/01/18/spsp-power-rejection/

11. « *The Good Life of the Powerful. The Experience of Power and Authenticity Enhances Subjective Well-Being* », Yona Kifer, Daniel Heller, Wei Qi Elaine Perunovic, Adam D. Galinsky, *Psychological Science*, janvier 2013, http://www.psychologicalscience.org/index.php/news/releases/power-helps-you-live-the-good-life-by-bringing-you-closer-to-your-true-self.html

12. *The Economist*, 14 avril 2012, http://www.economist.com/node/21552539

13. « *Social environment is associated with gene regulatory variation in the rhesus macaque immune system* », Jenny Tung et Yoav Gilad, PNAS, avril 2012, http://www.pnas.org/content/early/2012/04/03/1202734109.short

14. « *Overconfidence and Early-life Experiences : The Effect of Managerial Traits on Corporate Financial Policies* », Ulrike Malmendier, Geoffrey Tate et Jon Yan, http://emlab.berkeley.edu/~ulrike/Papers/OCCapital_Final.pdf

15. « *The Neural Basis of Financial Risk Taking* », Camelia Kuhnen, Brian Knutson et Gregory Samanez-Larkin, http://www-psych.stanford.edu/~knutson/bad/kuhnen05.pdf

16. « *In praise of misfits* », *The Economist*, 2 juin 2012, http://www.economist.com/node/21556230

17. « *Dyslexic entrepreneurs : the incidence ; their coping strategies and their business skills* », Julie Logan, *Wiley Inter-Science*, 2009, http://www.cassknowledge.com/sites/default/files/article-attachments/419~~julielogan_dyslexic_entrepreneurs.pdf

Chapitre 10

1. *Cerveau et Psycho*, novembre-décembre 2011.
2. *Psychologie des espaces de travail*, Gustave-Nicolas Fischer, Armand Colin, 1997.

3. « *Tall, dark and stable* », *The Economist*, 14 juillet 2012, http://www.economist.com/node/21558553

4. *Wanagement : manager à contre-courant*, Benjamin Chaminade, Armand Mennechet et Pierre-Yves Poulain, Dunod, 2012.

5. *Lost in Management, La vie quotidienne des entreprises au XXIe siècle*, François Dupuy, Le Seuil, 2011.

6. « *If You Really Want to Defy Conformity, Dress Up on Fridays* », *Wall Street Journal*, 7 janvier 2013, http://online.wsj.com/article/SB10001424127887324677204578184022807118216.html

7. « *The ergonomics of dishonesty : the effect of incidental postures on stealing, cheating and trafic violations* », Andy Yap, Abbie Wazlawek, Brian Lucas, Amy Cuddy, Dana Carney, à paraître dans *Psychological Science*, http://www.psychologicalscience.org/index.php/news/releases/physical-environment-may-affect-likelihood-of-dishonest-behavior.html

COMPOSITION FACOMPO (LISIEUX)

CET OUVRAGE A ÉTÉ IMPRIMÉ EN FRANCE
PAR CPI BUSSIÈRE
À SAINT-AMAND-MONTROND (CHER)
EN FÉVRIER 2014

N° d'édition : 02. — N° d'impression : 2008340.
Dépôt légal : février 2014.